康养产业研究书系

国家社科基金项目（一般项目）
项目编号：16BZZ058

政府购买居家养老服务的成本效益评估指标研究

谢晓霞◎著

西南财经大学出版社
Southwestern University of Finance & Economics Press

图书在版编目(CIP)数据

政府购买居家养老服务的成本效益评估指标研究/谢晓霞著．—成都：
西南财经大学出版社，2022.8
ISBN 978-7-5504-5484-2

Ⅰ．①政…　Ⅱ．①谢…　Ⅲ．①养老—社会服务—财政支出—成本—效益分析—评价指标—研究—中国　Ⅳ．①D669.6

中国版本图书馆 CIP 数据核字(2022)第 140694 号

政府购买居家养老服务的成本效益评估指标研究

ZHENGFU GOUMAI JUJIA YANGLAO FUWU DE CHENGBEN XIAOYI PINGGU ZHIBIAO YANJIU

谢晓霞　著

责任编辑：王利
责任校对：植苗
封面设计：星柏传媒
责任印制：朱曼丽

出版发行	西南财经大学出版社(四川省成都市光华村街 55 号)
网　　址	http://cbs.swufe.edu.cn
电子邮件	bookcj@swufe.edu.cn
邮政编码	610074
电　　话	028-87353785
照　　排	四川胜翔数码印务设计有限公司
印　　刷	郫县犀浦印刷厂
成品尺寸	170mm×240mm
印　　张	11.75
字　　数	216 千字
版　　次	2022 年 8 月第 1 版
印　　次	2022 年 8 月第 1 次印刷
书　　号	ISBN 978-7-5504-5484-2
定　　价	68.00 元

前言

全国第七次人口普查数据显示，我国65岁及以上人口为19 064万，占总人口的13.50%，已经超过联合国制定的7%的标准；60岁及以上人口为26 402万，占总人口的18.70%，也超过了联合国制定的10%的标准。按照联合国制定的标准，我国已经属于人口老龄化国家，养老问题已经成为当前社会热点问题。进入2000年以后，为了满足社会老龄化带来的各种养老服务需求，中央和地方政府陆续出台了政府购买养老服务的各项政策措施，各级政府不断推出各种相关的养老服务政策，为探索各种养老服务模式提供政策环境。实践上，各级政府对包括居家养老服务在内的多种养老服务模式进行了探索，各地均取得了不同程度的进展。

本课题组调研发现，当前各地政府实施居家养老服务模式的规模和购买资金体量并不大，各地政府购买的居家养老服务仍然是一些基础性服务内容，但已经取得了一定的经验和成果。各地政府根据当地的财政预算，出台了政府购买居家养老服务的财政预算标准，在人均享受政府购买居家养老服务标准化预算背景下，出现了以下现象：不同地区的社会经济发展水平存在一定的地区差异，导致不同地区的政府购买居家养老服务的财政预算标准各不相同。有些地区的居家养老服务财政预算标准较高，能够有效满足高龄老人居家养老服务的需求；而有些地区的居家养老服务财政预算标准偏低，无法完全满足很多高龄老人居家养老服务的实际需求，这些地区的很多高龄老人的居家养老服务需求被排除在了社会福利之外。有些地区用于居家养老服务的财政预算资金偏少，只能提供较低财政预算标准给居家养老的老人，而这部分老人多数是低龄老人，他们的身体状况比较健康，所以当财政预算资金给予这部分老人，为他们提供居家养老服务时，这部分低龄老人大都选择了诸如“打扫卫生”这类服务内容，导致当前政府购买的居家养老服务在实际执行中显得服务内容相对比较单一。我们调研发现，大多数地方政府尚未大规模开展政府购买居家养老服务，而是采取了试点形式，以此来稳步推进当地政府购买居家养老服务事务。

针对当前面临的可预期老龄化趋势及其带来的一系列养老问题，以及当前各级政府在探索购买居家养老服务过程中出现的一些问题，为了稳步推进各地政府购买居家养老服务事务，更好地实现政府购买居家养老服务的社会目标，有必要对政府购买居家养老服务的评估标准进行探索。只有建立了全面统一系统的政府购买居家养老服务的评估指标，才能在扩大政府购买居家养老服务的预算规模时，依据统一标准的评估指标，更好地选择承接居家养老服务的社会组织，提升居家养老服务的质量，实现政府购买居家养老服务的社会目标。本研究从成本效益原则视角，分析政府购买居家养老服务的评估指标。首先，评估结果可以作为立项发包的参考依据。通过评估指标进行综合评分，有利于政府在向社会组织购买居家养老服务时，在项目发包过程，通过评估筛选出更加适合承接居家养老服务的社会组织，做到评估过程更加具有科学性和严谨性。其次，评估指标可以帮助已经承接了政府购买居家养老服务项目的社会组织实施居家养老服务动态监测，保证居家养老服务项目实施质量。最后，依据评估指标，可以对已经完成的居家养老服务项目进行绩效评估，帮助政府在事后总结本次购买居家养老服务的得失，为以后更好地完善政府购买居家养老服务项目提供参考依据。

本课题组基于对相关理论文献的梳理和对当前实践中采用的政府购买居家养老服务的评估指标的分析，发现当前的评估指标研究主要依据西方新公共管理和福利社会化理念，多从顾客满意度出发，采用 DEA（数据包络分析）、SOM（自组织映射）等方法，设计政府购买居家养老服务的事后绩效评估指标；尚缺乏以交叉学科评估理论为基础，基于成本效益视角，从项目管理的思路出发，针对居家养老服务的事前评估、事中监督、事后绩效评估的动态管理需求，构建相应的评估指标。本课题组在综合考虑政府购买居家养老服务的成本项目、成本标准、经济效益、社会效益的基础上，运用成本效益分析（CBA）原理，从项目管理视角出发，构建成本效益评估指标。该指标体系采用综合计分与指标计算相结合的方式，对政府购买居家养老服务的全过程进行评估，提供具有可操作性且便于推广应用的评估指标。

本课题组在理论上构建政府购买居家养老服务评估指标的基础上，结合实践案例对构建的指标进行实际应用分析，对该评估指标的使用做出案例示范。我们希望通过该指标的构建与案例分析，为未来各地政府更大规模地开展居家养老服务，以及筛选出更加适合承接居家养老服务的社会组织，提供评估依据。同时，本着“以评促建”的思想，该评估指标在政府购买居家养老服务项目的全过程实施，也将有利于承接居家养老服务的社会组织本着节约成本、提高效益的思想，不断提高居家养老服务的质量。该指标的实施应用，也有利于个人在进行居家养老规划时，结合政府当前提供的居家养老服务的内容和标准，依据该指标的评估结果，尽早做好居家养老规划。

每当笔者出版一本书时，内心总是满怀感恩之心，想感谢的人太多。在撰写本书稿的过程中，遇到了新冠肺炎疫情，原本计划要召开的很多专家讨论会，都因为新冠肺炎疫情而转为线上召开。尽管在书稿的写作过程中我们遇到了很多困难，但最终还是在各位专家学者和研究这个领域的老师们的帮助下，顺利完成了核心部分的内容。笔者在此表示衷心感谢。本书的出版还要感谢国家社科基金的资助。也要感谢笔者在北京航空航天大学工作期间指导的硕士生芦子靖、明月、洪暘。还要感谢笔者在西南财经大学指导的硕士生周雨晴、应钢辉、方静波、熊欧、唐标睿等人。感谢笔者在北京航空航天大学和西南财经大学的同事们，他们给了笔者非常大的支持和帮助。感谢一直非常支持笔者的美国老师黄建忠教授，很多研究思想都得益于他的悉心指导。也要感谢笔者的父母、女儿等家人们，无论是在北京还是在成都，他们都给予笔者很多的支持和心灵的安慰。在此一并感谢在本书撰写期间给予笔者帮助的所有朋友，谢谢你们一直在笔者身边。

笔者在大家的帮助和支持下，对课题研究竭尽全力，但限于水平，可能仍然有很多不足和尚待进一步研究的问题，希望未来有机会继续深入研究。

新冠肺炎疫情已经持续了两年多，许多人和事都因为疫情而发生了改变，唯一不变的是，笔者仍然对学术研究充满热爱，每次出版专著或发表文章，都能带给笔者无与伦比的欢喜。感觉自己很幸运，也很幸福，因为在有生之年找到了自己所热爱的事业。笔者会一直坚持下去，脚踏实地做好自己喜爱的事业，活在当下，不负韶华。

谢晓霞

于柳湖之畔

2022 年 7 月

目录

1 绪论

1.1 研究背景

自20世纪80年代以来，中国开始实施计划生育政策，中国人口出生率不断降低；同时，随着人民生活水平的不断提高，人均寿命不断延长，人口老龄化已成为21世纪中国人口发展的大趋势。根据国家统计局统计数据，2014年中国总人口13.67亿，60岁及以上老人2.12亿，占总人口的15.5%；65岁及以上老人1.37亿，占总人口的10.0%。再看一组体现变化的数据：中国65岁及以上人口占总人口比重，1982年为4.9%，1990年为5.6%，2000年为7.1%，2010年为8.9%，2014年为10.0%。截至2019年底①，我国人口总数达14亿，其中60岁及以上老龄人口达2.54亿，占比18.1%；65岁及以上老龄人口达1.76亿，占比12.6%，同比增长5.6%。2019年全国人口出生率同比下降4.2%，老年扶养比同比上升6.0%②。《中国发展报告2020：中国人口老龄化的发展趋势和政策》指出，2022年左右，中国正式进入老龄化社会，65岁及以上的老龄人口将占总人口的14%。从我国现行"9073"养老模式，即90%的老人居家养老、7%的老人在社区养老、3%的老人在养老机构养老，可以看出居家养老是我国养老模式的核心部分，更容易被老人及家庭成员接受③。

从以上数据中我们可以发现，中国的人口老龄化正呈现加速度上升状态。预计到2040年，我国65岁及以上老龄人口占总人口的比例将超过20%，已经

① 国家统计局. 中华人民共和国2019年国民经济和社会发展统计公报［EB/OL］. http://www.stats.gov.cn/tjsj/zxfb/202002/t20200228_1728913.html.

② 国家统计局. 中国统计年鉴（2019）［EB/OL］. http://www.stats.gov.cn/tjsj/tjcbw/201909/t20190924_1699095.html.

③ 党俊武. 中国城乡老年人生活状况调查报告（2018）［M］. 北京：社会科学文献出版社，2018：1.

远超联合国制定的人口老龄化程度7%的标准。同时，高龄人口的比率增长较快，预计80岁及以上高龄老人每年将以5%的速度增加，到2040年，80岁及以上老龄人口预计将增加到7 400多万。中国的人口老龄化速度快、高龄老人多，使得中国成为人口老龄化问题比较严重的发展中国家之一。根据全国第七次人口普查数据，我国人口的总抚（扶）养比仍然维持在较低水平，但人口老龄化进程明显加快。2020年，我国0~14岁、15~64岁、65岁及以上人口所占比重分别为17.95%、68.55%、13.50%，人口总抚（扶）养比为45.88%。尽管我国仍然处于人口总抚（扶）养比较低阶段，但与过去相比，60岁或65岁及以上老龄人口比例上升速度较快，社会的养老负担明显加重。

国务院第七次全国人口普查最新统计数据显示，2020年5月，全国人口共141 178万，与2010年第六次全国人口普查数据的133 972万相比，增加7 206万，增长5.38%，年平均增长率0.54%。其中，60岁及以上人口占18.70%，65岁及以上人口占比13.50%。与2010年相比，60岁及以上人口的比重上升了5.44个百分点，表明我国未来一段时间将持续面临人口老龄化发展的压力。

1.1.1 人口老龄化加剧

随着社会经济的发展、人民生活水平的提高、医疗卫生条件的改善、生育率和死亡率的迅速下降，中国人口年龄结构发生了剧烈的转变。目前我国人口趋于老龄化，呈现出以下特征：

1.1.1.1 *老龄人口规模庞大*

中国老龄人口绝对数量很大，1982年第三次全国人口普查时，60岁及以上老龄人口为7 664万。到1999年底，60岁及以上老龄人口为1.283亿，成为世界上老龄人口最多的国家，60岁及以上老龄人口数量居世界第一位，占世界老龄人口总数的1/5，占亚洲老龄人口总数的1/2。我国2000年第五次全国人口普查证实，65岁及以上老龄人口总数达到8 811万，占总人口的6.96%。截至2014年底，中国大陆总人口136 782万。从年龄构成看，60岁及以上人口21 242万，占总人口的15.5%；65岁及以上人口13 755万，占总人口的10.1%，已基本进入人口老龄化阶段。

2014年，北京市60岁及以上老龄人口为301万，占户籍人口的22.6%；65岁及以上老龄人口204.3万，占户籍人口的15.3%，老龄人口占户籍人口的比例呈现出进一步上升的趋势。截至2015年底，北京市60岁及以上户籍老龄人口约315万，占总人口的23.4%，人口老龄化程度居全国第二位。北京市常住老龄人口340.5万，占常住人口总数的15.7%。全市平均每天净增500余名60岁及以上老年人、净增120余名80岁及以上高龄老年人。

2019年末，北京市户籍总人口1 397.4万，比2018年末增加21.6万。其中：60岁及以上户籍人口367.7万，占户籍总人口的26.3%；65岁及以上户籍人口252.8万，占户籍总人口的18.1%，老龄人口占户籍人口的比例呈现出进一步上升的趋势。截至2020年底，北京市户籍总人口1 400.8万，比2019年末增加3.4万，其中，60岁及以上户籍人口378.6万，占户籍总人口的27.0%；65岁及以上户籍人口264.5万，占户籍总人口的18.9%，全市80岁及以上户籍人口63.3万，占户籍总人口的4.5%，比2019年末增加0.2万。这些数据表明，北京市呈现出人口老龄化加剧的趋势。

1.1.1.2 人口老龄化发展速度较快

与发达国家相比，中国人口老龄化的速度更快、进程更迅猛。根据国际社会通例，人口老龄化的速度一般以65岁及以上人口比例由7%增长到14%所用的时间来测定。表1.1是人口年龄结构已达到老年型的几个发达国家的人口老龄化速度的比较（节选）。从表1.1可以看出，65岁及以上老龄人口的比例由7%上升到14%，法国用了120年，瑞典用了85年，德国用了65年，英国用了45年，日本仅用了26年。中国人口老龄化起步晚，但人口基数比较大，所以人口老龄化的速度呈现出加速的趋势。按照预测的人口老龄化速度，中国老龄人口比例从7%增长到14%的时间预计为27年，除了比日本慢1年外，比其他四个发达国家分别快88年、58年、38年和18年。因此，中国将成为世界上人口老龄化速度很快的国家之一。

表1.1 发达国家人口老龄化速度比较（节选）

国家	65岁及以上老龄人口比例达到的时间		所花时间/年
	7%	14%	
日本	1970	1996	26
英国	1930	1975	45
德国	1910	1975	65
瑞典	1890	1975	85
法国	1860	1980	120

资料来源：联合国亚洲及太平洋社会经济委员会. 关于亚太人口老龄化的报告［EB/OL］. https://news.sina.com.cn/w/2005-04-26/12465755304s.shtml.

据统计，2020 年，我国 60 岁及以上老年人已经达到 26 402 万，占总人口的 18.70%，与 2010 年相比，我国 60 岁及以上老龄人口、65 岁及以上老龄人口分别增加 8 637 万、7 181 万，占总人口的比重分别上升 5.44 个百分点、4.63 个百分点。根据联合国统计，1990—2020 年，世界老龄人口平均年增长速度仅为 2.5%，而同期我国老龄人口的增长速度为 3.3%。世界老龄人口占总人口的比重从 1995 年的 6.6%上升至 2020 年的 9.3%，同期我国老龄人口占总人口的比重由 6.1%上升至 11.5%。无论是从增长速度还是从老龄人口占总人口的比重来看，中国老龄化速度均超过了世界老龄化速度平均水平。据全国老龄办统计，预计到 2030 年，这个数据将超过 3 亿，而到 2050 年，中国老龄人口将增至 4.8 亿，占到全球老龄人口的 1/4。

北京老龄人口增长速度非常快。北京比全国平均水平提前 9 年，于 1990 年步入老龄化社会。2010 年开展的第六次全国人口普查数据显示：北京市常住人口中，60 岁及以上人口为 246.01 万，占常住人口的 12.5%；65 岁及以上人口为 170.89 万，占常住人口的 8.7%。截至 2020 年末，北京市 60 岁及以上常住人口 429.9 万，占常住总人口的 19.6%；65 岁及以上常住人口 291.2 万，占常住总人口的 13.3%。

2020 年第七次全国人口普查数据显示，在北京市 60 岁及以上户籍人口中，60~64 岁人口 114.1 万，占北京市 60 岁及以上户籍总人口的 30.1%；65~69 岁人口 102.5 万，占北京市 60 岁及以上户籍总人口的 27.1%；70~79 岁人口 98.7 万，占北京市 60 岁及以上户籍总人口的 26.1%；80~89 岁人口 54.6 万，占北京市 60 岁及以上户籍总人口的 14.4%；90 岁及以上人口 8.7 万，占北京市 60 岁及以上户籍总人口的 2.3%。

1.1.1.3　老龄人口在空间分布上不平衡

中国老龄人口在空间分布上的不平衡表现在两个方面：

第一，老龄人口在城乡之间分布不平衡。根据对 1%老龄人口的随机抽样调查，1995 年，中国农村老龄人口数量是城市的 3.33 倍，老龄人口比例却比城市低 0.28 个百分点。这就呈现出老龄人口绝对数量农村地区远多于城市，而老龄人口比例农村地区又低于城市的情况并存的现状。根据老龄人口比例可以判断，农村人口老龄化程度比城市低，但是，中国农村的老龄人口绝对数量比城市多，农村养老问题依然严峻。由于生育水平不同，在人口年龄结构转型的初、中期，城市人口老龄化程度比农村要高，但是，在人口城乡分布的总体格局下，农村人口老龄化的影响将更为深远。特别是近几年来，广大农村地区青壮年劳动力人口大量迁移流动到城市，使得农村人口老龄化程度迅速提高。

城乡人口老龄化的程度正在逐步接近，农村人口老龄化状况日益突出。

第二，老龄人口的地区分布不平衡。由于中国各地区的社会经济发展水平和对人口的控制能力差异显著，导致各地区之间人口生育率和人口年龄结构存在很大差别，因而人口老龄化程度在各省份之间很不平衡，具体表现为沿海高于内地、经济发达地区高于欠发达地区。1997 年，全国人口 1%抽样调查的情况表明，步入人口老年型年龄结构的地区除重庆、四川、湖南一市二省外，其余均为东南沿海地区。65 岁及以上老龄人口占总人口的比例分别为：上海 12.2%、浙江 9.3%、辽宁 7.8%、广西 7.6%、广东 7.3%、福建 7.1%、重庆 8.2%、四川 8.0%、湖南 7.3%；最低的西北地区，除陕西省达到 5.9%外，其余均在 5%以下；西南地区在 5.4%至 6.2%之间；内蒙古为 5.16%，黑龙江为 4.6%。中国幅员辽阔，不同地区和城乡之间社会经济发展水平不同，中国人口老龄化程度也表现出明显的区域不平衡性，即中国人口老龄化程度与生产力发展水平具有一致性，自西向东呈现阶梯性上升趋势。从人口区域分布来看，大概分为四类地区：第一类地区包括上海，这个地区已属于高度老龄化地区；第二类地区包括浙江、北京、天津，这些地区属于中高度老龄化地区；第三类地区包括山东、辽宁、湖北等地区，这些地区属于中度老龄化地区；第四类地区包括内蒙古、甘肃、黑龙江等地区，这些地区的人口正处于由成年型向老年型过渡的老龄化初始阶段。从城乡分布来分析，由于中国城市化进程加快，农村青壮年劳动力人口大量转移，农村劳动力人口迁移流动到城镇，使农村人口老龄化速度高于城市，农村同样面临着严重的人口老龄化问题。

以北京市为例，北京市的老龄人口呈现出在空间上分布不均衡的特征。2016 年，北京市 60 岁及以上常住老龄人口 378.6 万，60 岁及以上老龄人口数量最多的是朝阳区、海淀区、丰台区、昌平区、通州区这五个区，最少的是延庆区、门头沟区、怀柔区、平谷区这四个区。截至 2020 年末，北京市常住总人口 2 189 万，比 2019 年末减少 1.1 万。其中，60 岁及以上常住人口 429.9 万，比 2019 年增加 11.6 万，占常住总人口的 19.6%；65 岁及以上常住人口 291.2 万，比 2019 年增加 10.8 万，占常住总人口的 13.3%。截至 2020 年末，北京市 16 个区中，60 岁及以上常住人口排前三名的是朝阳区、海淀区和丰台区。朝阳区常住人口 345 万，60 岁及以上常住人口 71 万，占该区总人口的 21%；海淀区常住人口 313 万，60 岁及以上常住人口 58 万，占该区总人口的 19%；丰台区常住人口 202 万，60 岁及以上常住人口 47.9 万，占该区总人口的 24%。2020 年，北京市 16 个区中，分年龄组来看，60~69 岁户籍老龄人口共计 316.6 万，其中，朝阳区 34.9 万，占比 11.0%；海淀区 29 万，占比

9.2%；西城区25.7万，占比8.1%。70~79岁户籍老龄人口共计98.7万，其中，朝阳区17万，占比17.2%；海淀区1.1万，占比1.1%；西城区10.2万，占比10.3%。80岁及以上户籍老龄人口共计63.3万，其中，朝阳区12.1万，占比19.1%；海淀区12.1万，占比19.1%；西城区7.8万，占比12.3%。与2010年相比，北京市老龄人口增长较快，除了西城区略有减少外，增长主要集中在朝阳区、海淀区、丰台区和昌平区。2020年65岁及以上人口数量与2010年相比，有较大的变化，体现在老龄人口数量比较集中在城市功能拓展区和城市发展新区，而首都功能核心区和生态涵养发展区的老龄人口数量相对较少。从北京市行政区域的老龄化率来看，西城区、东城区、门头沟区这三个区的老龄人口比例较高，而昌平区、通州区、大兴区、顺义区、海淀区这五个区的老龄人口比例较低，城市功能拓展区和城市发展新区老龄化率也较低。这些情况说明老龄人口增长的空间格局和老龄化程度的空间格局出现了不同的发展趋势，北京市各功能区域的老龄人口分布不均衡。北京总体处在人口老龄化阶段的初期阶段，城市核心区处在人口老龄化的中期阶段，各个行政区域和功能区域呈现出来的人口老龄化程度不同。其中，东城区的人口老龄化发展速度呈现出下降趋势，西城区的人口老龄化发展速度呈现出上升趋势。当前北京市各行政区域的人口老龄化发展趋势不同，郊区的西部和北部高度老龄化地域范围在不断扩大。

1.1.1.4 人口老龄化与经济发展不同步

从发达国家人口老龄化发展进程来看，它们的人口老龄化是随着工业化、城市化、生产社会化和商品化以及人口再生产的现代化而不断发展变化的。其人口老龄化是在经济比较发达的情况下缓慢到来的，即经济发展到一定阶段后才出现了人口老龄化的问题。随着社会经济的不断发展和人民生活水平的不断提高，人们的生活方式和价值观念发生了变化，并促使人口生育率不断降低，导致少儿人口比例不断下降，同时，随着现代科技的进步、医疗条件的改善，死亡率急剧下降，人口平均预期寿命延长，出现了人口年龄结构逐步老龄化的趋势。同时，发达国家在人口老龄化的发展过程中，经济发展已达到相当高的水平。据统计，1999年6月，世界人口已经达到59.82亿，其中，生活在发达地区的人口有11.81亿，占世界总人口的19.74%；生活在不发达地区的人口有48.01亿，占世界总人口的80.26%。也就是说，中国的人口老龄化是在完成现代化之前、社会经济发展水平还较低的情况下出现的。因此，中国人口老龄化进程超前于社会经济的发展，这使得我们在应对人口老龄化问题上面临了巨大的挑战。

1.1.1.5 人口高龄化趋势显著

中国65岁及以上高龄老龄人口每年以5.4%的速度增长，高龄人口从2017年的15 037万增长到2021年的20 056万，成为老龄人口中增长速度最快的年龄组。另外，我国80岁及以上人口占60岁及以上人口的比例，2017年、2020年分别为1.8%、13.56%，增长速度较快（具体见表1.2）。随着生活水平的不断提高，此比例还会更加快速地增长。

表1.2 2017—2021年老龄人口数量及相关占比

年份	60岁及以上老龄人口/万人	占总人口比重/%	65岁及以上老龄人口/万人	占总人口比重/%	80岁及以上老龄人口/万人	占老龄人口比重/%
2017	24 090	17.3	15 037	10.8	2 600	1.8%
2018	24 949	17.9	16 724	11.9	—	—
2019	25 388	18.1	17 767	12.6	—	—
2020	26 402	18.7	19 064	13.5	3 580	13.56
2021	26 736	18.9	20 056	14.2	—	—

资料来源：国家统计局. 中国统计年鉴［M］. 北京：中国统计出版社，2017—2021各年版.

以北京为例，2018年，北京市老龄办发布北京老龄事业发展和养老体系建设白皮书。白皮书显示，截至2017年底，全市60岁及以上户籍老龄人口约333.3万，占户籍总人口的24.5%，户籍人口老龄化程度居全国第二位，人口老龄化趋势加剧。目前北京市人口老龄化程度仍处于中度阶段。根据统计分析预计，到2030年，北京市户籍老龄人口占比有可能会超过30%，或将进入重度老龄化阶段。到2050年，预计北京市户籍老年人将超过630万，即每3个人中就有1名老年人，并且这种人口结构和社会形态将持续至少50年。

1.1.2 家庭养老模式面临的挑战及其特征

随着中国社会老龄化程度的日益加深，养老问题逐渐成为一个新的社会问题。“养儿防老”的传统思想影响着我国的基本养老模式。到目前为止，家庭养老模式仍然是我国最主要和最基础的养老模式，其次是社区养老和机构养老，当前已形成了家庭养老、社区养老与机构养老同时存在的复合型养老模式。相关研究和实践表明，居家养老能够寻求家庭养老与机构养老模式之间的平衡，整合政府、社区、非营利组织和家庭养老资源，使之有机结合起来，显示了居家养老的极大优越性。所以，居家养老能解决老年人养老问题，使老年人幸福地安度晚年，进而促进社会和谐。随着经济和社会的发展，家庭养老功能被逐渐弱化，家庭养老模式也出现了一些问题和挑战，具体呈现出如下特征：

1.1.2.1　老龄人口扶养比将大幅度提高

我国人口老龄化进程不可逆转，在这一过程中，老龄人口扶养比将大幅度上升。现行养老保障运行的基本原理是在长期稳定的人口结构下，生产性劳动人口的退休养老费用由下一代生产性劳动人口承担。显而易见，老龄人口的大量增加，使老龄人口的扶养比大幅度上升，这会造成在人口老龄化的高峰期，生产性劳动人口不能承担规模庞大的老龄人口的养老费用，从而威胁养老保障制度的运行，影响和谐老龄化社会构建。当然，可能有人认为，我国老龄人口扶养比虽然上升了，但由于孩子负担系数在下降，所以在我国人口年龄结构转型的过程中，人口总抚（扶）养比会有一个下降期。然而，扶养老人远比抚养孩子的费用高得多。即便是在我国人口年龄结构转变过程中总负担系数不断相对下降，社会负担也并没有真实减轻。恰恰相反，一旦我国老龄人口占总人口比重过大，我国的这一优势将会丧失，其总负担会大大高于发达国家。

以北京市的情况为例来分析，老龄人口扶养比将大幅度提高（具体见表1.3）。北京市老龄人口扶养比持续上升，特别是近年增幅更大，必将加重劳动年龄人口的负担，使社会负担加重。老年人的赡养费，在城市中，主要是由社会负担的。

表1.3　2017—2021年北京市户籍老龄人口扶养比情况

抚（扶）养系数	2017年	2018年	2019年	2020年
少儿抚养系数（0~14岁）	18.4	19.8	20.8	21.6
老年扶养系数（65岁及以上）	23.2	24.8	26.8	28.3
总抚(扶)养系数(0~14岁、65岁及以上)	41.6	44.6	47.5	49.9

注：少儿（0~14岁）抚养系数为少年儿童人口数除以劳动年龄人口数；老年（65岁及以上）扶养系数为老龄人口数除以劳动年龄人口数；总抚（扶）养系数为少儿抚养系数加老年扶养系数。

数据来源：北京市老龄工作委员会办公室，北京市老龄协会，北京师范大学中国公益研究院. 北京市老年人口信息和老龄事业发展报告（2017—2020）[EB/OL]. http://wjw.beijing.gov.cn/wjwh/ztzl/lnr/lljkzc/lllnfzbg/.

1.1.2.2　社会将大幅度增加养老保障费用

为度过即将到来的人口老龄化高峰期，1995年，我国把长期实行的现收现付养老保险制度转变为统筹和个人账户相结合的部分积累制度。其中，社会统筹部分沿用现收现付制，个人账户部分采取积累制。从现收现付制度转到部分积累制度的过程中出现了转制成本即隐性债务。隐性债务包括两方面：一是新制度实施前已经离退休人员的养老金。这部分人员的个人账户中没有积累，所享受的养老金成为历史债务。二是新制度实施前参加工作，新制度实施后退休的人员，他们同样无个人账户积累。由于隐性债务没有得到补偿，社保部门为维持养老体系正常运转，当社会统筹缴费不足以支付离退休职工的养老金时，直接挪用当下个人账户资金成为一种无可奈何的选择。随着我国老龄人口的大量增加，其养老金占国民收入的比重也将有较大幅度的增加。1975 年，我国离退休职工为 314 万，1995 年增加到 3 094 万，年均增长率 14.4%，是同时期总人口增长速度的 10 倍。1978 年，全国保障费用 78.1 亿元，1995 年上升到 2 361.3 亿元，其中，退休职工的保险福利费用，1978 年为 17.3 亿元，1995 年为 1 283.8 亿元，年平均增长速度为 28%，已经远远高于国民生产总值的增长速度。这笔费用将随着老龄人口的快速增长而不断增大。虽然我国社会经济发展也比较快速，但是面对占世界总人口 22%（60 岁及以上）以及 25%（65 岁及以上）的老龄人口来说，也不是一件轻松的事，养老社会保障体系必将面临极大的压力和挑战。

以北京市的情况为例来分析。北京市将大幅度增加养老保障费用。2017—2021 年，基本养老保险参保人数增加近 180 万，基金收入增长 1.1 倍，累计结余却降低了 104%（具体见表 1.4）。

表 1.4　北京市 2017—2021 年基本养老保险费支出情况

年份	参保人数/万人	基金收入/亿元	领取人数/万人	基本养老金水平/(元·月)	基金支出/亿元	累计结余/亿元
2017	1 604.5	2 223	283.1	3 770	1 394.3	828.7
2018	1 685.8	2 619.5	293.6	3 959	1 716.2	903.3
2019	1 748.2	2 931.7	302.6	4 175	2 211.2	720.5
2020	1 777.9	2 549.8	311.4	4 561	2 584.4	-34.6

数据来源：北京市统计局，国家统计局北京市调查总队．北京市统计年鉴［M］．北京：中国统计出版社，2017—2020 年各年版．

随着人口老龄化和老龄人口高龄化进程的加速、人均预期寿命的不断延长，北京市领取养老金的老年人数呈现快速增加趋势，养老保险基金支出成倍增长。2017—2020 年，北京市领取养老金人数、月人均基本养老金水平和年基本养老金支出分别上升了 9.9%、21% 和 85%。尽管近几年养老保险基金结余呈现快速增长的趋势，但随着北京市外来人口趋于稳定，参保率达到最大，缴费人数不再增长（2012 年参保人数比 2011 年下降 63 万），基金收入增速放缓，人口红利逐渐消失，养老金压力将越来越大。假设退休时间不变、领取基本养老金人员为老龄人口的 80%、养老金水平年均增长 10%，预计 2030 年老龄人口 500 万、养老金支出 6 700 亿元，这将给北京市政府财政带来巨大的压力和负担。

1.1.2.3 传统家庭养老模式面临严峻挑战

我国历来有“养儿防老”的家庭养老传统思想，但随着人口的老龄化和少子化，传统的家庭结构发生了变化，家庭规模小型化趋势日益明显。20 世纪 70 年代，我国开始实行计划生育政策。如今几十年过去了，第一代独生子女进入婚育年龄段，他们组成的新家庭将接管社会，构成新的家庭生活模式，即形成“421”家庭模式，其家庭成员通常为 4 个老人、1 对夫妻、1 个孩子，即 1 对夫妻要同时赡养 4 个老人、抚养 1 个孩子。传统的几代同堂的大家庭正在日益减少，而由两代人组成的核心家庭正在逐渐成为现代社会家庭结构的主体模式。由于家庭结构日趋小型化，家庭养老护理功能被日益削弱，越来越多的老年父母不愿意与他们的成年子女住在一起。居住上的代际分离虽然不是妨碍成年子女照顾父母的主要原因，但地理位置上的隔离在客观上给成年子女照顾老人带来了一定的困难。同时家庭规模小型化，致使家庭内能够照顾老人的人手减少，每个家庭成员照顾老人的负担将会加重。此外，从家庭照顾者的状况来看，老年人日常生活照顾主要靠配偶和其子女，但提供主要照顾的老年配偶本人的健康状况也十分令人担忧，加之现代生活节奏加快，年轻人的时间、精力、经济承受能力有限，传统家庭养老模式受到冲击。家庭规模的小型化趋势无法满足在家庭养老的老年人对照料需求的连续性和即时性，迫切需要开发新的养老方式，以满足老年人对养老愈来愈多样化的需求。

以北京市的情况为例来分析，传统家庭养老模式面临严峻挑战。根据北京市第六次人口普查统计数据，北京市平均每个家庭的人口为 2.45 人，比上一次人口普查减少了 0.46 人，家庭规模日趋小型化，老年空巢家庭比例上升。随着第一批独生子女的父母逐步进入老年阶段，“421”家庭、失独家庭的养老风险逐步累积，养老问题将成为影响广泛的民生问题。同时，随着老年人对生活质量的要求不断提高，特别是病弱老人的康复照料、高龄老人的生活照顾、空巢老人的精神慰藉等问题变得日益迫切，传统家庭养老必须转向社会化支持下的居家养老，避免大量老年人在家庭养老中陷入困境。

1.1.2.4 机构养老服务压力增大

机构养老，主要包括老年公寓、社会福利院、养老院、敬老院、老年护理院及其他养老设施。机构养老在我国发展的时间并不长，是在中华人民共和国成立后，为了解决孤寡老人的生活问题，由民政部门设置的。机构养老属于社会慈善机构的一种。但我国养老服务发展严重滞后，难以满足人口迅速老龄化的养老服务需求。以养老机构和床位数为例，我国目前共有各类老年社会福利机构 3.8 万个，养老床位 120.5 万张，平均每 1 000 名老人拥有床位数仅 8.6 张，和西方国家每 1 000 名老人拥有床位数 50 张以上相去甚远。据调查，全国约有 1 400 万老年人要求进入老年福利机构，但目前各类福利院的床位只有不到 200 万张，远远满足不了老年人的需要。以上海为例，2007 年，全市养老机构共 560 家，比上年增加 10.9%，其中政府经办的养老机构约 300 家，社会经办的养老机构约 260 家，床位数共计 69 785 张，比上年增加 16.8%，占 60 岁及以上老龄人口的 2.4%，其中 2007 年新增 10 050 张，但仍无法满足老龄人口的需要。

以北京市的情况为例来分析，北京市的养老机构床位总量严重不足。2019 年底，北京市养老机构的运营床位不到 14.7 万张：其中昌平区养老机构床位以民办为主，接近 1.5 万张，是公办养老机构的 2.67 倍；朝阳区养老机构床位以民办为主，达到 14 655 张，是公办养老机构的 3 倍；海淀区民办养老机构床位数量 10 156 张，是公办养老机构的 1.4 倍；大兴区、东城区、房山区、延庆区公办养老机构和民办养老机构床位数量相差无几；怀柔区、门头沟区、密云区、平谷区、顺义区、西城区公办养老机构床位数量超过民办养老机构床位数量。区域分布的不均衡，造成北京市养老床位结构性短缺和资源闲置并存。在床位功能上，护养型养老床位比重过低，数量不足，不能满足高龄、失能等老龄人口的需要。具体见表 1.5。

表 1.5　2020 年北京市养老床位　　单位：张

属区及性质	总床位数	平均床位数
昌平区	21 778	279
公办	5 478	148
公建民办	1 465	293
民办	14 655	419
民办公助	180	180
朝阳区	22 440	197
公办	4 551	114
公建民办	2 445	272

表1.5(续1)

属区及性质	总床位数	平均床位数
民办	14 494	230
民办公助	950	475
大兴区	11 441	208
公办	4 130	165
公建民办	2 236	319
民办	3 955	188
民办公助	1 120	560
东城区	1 616	58
公办	844	47
公建民办	39	39
民办	683	85
民办公助	50	50
房山区	10 743	140
公办	4 431	103
公建民办	1 230	308
民办	4 700	168
民办公助	382	191
丰台区	15 455	218
公办	6 728	210
公建民办	1 570	314
民办	6 590	220
民办公助	567	142
海淀区	18 249	203
公办	7 245	175
公建民办	523	105
民办	10 156	254
民办公助	325	108
怀柔区	3 403	103
公办	2 087	95
公建民办	498	249
民办	818	91
门头沟区	1 844	102
公办	1 102	85

表1.5(续2)

属区及性质	总床位数	平均床位数
公建民办	514	171
民办	228	114
密云区	5 455	124
公办	3 583	116
民办	1 872	144
平谷区	7 684	163
公办	4 683	146
民办	3 001	200
石景山区	4 849	180
公办	1 846	123
公建民办	210	210
民办	2 728	273
民办公助	65	65
顺义区	4 134	148
公办	3 604	139
公建民办	180	180
民办	350	350
通州区	9 866	241
公办	2 326	111
公建民办	176	88
民办	7 364	409
西城区	3 454	72
公办	1 561	54
公建民办	270	135
民办	1 403	100
民办公助	220	73
延庆区	5 029	168
公办	2 284	120
民办	2 745	250

数据来源：60 加研究院. 北京养老机构市场研究报告（2020）[EB/OL]. https://zhuanlan.zhihu.com/p/149131045.

1.1.2.5 医疗服务需求膨胀

老龄人口是医疗服务需求的较大群体，老年人消费的医疗资源是一般人群的3倍以上，年龄越大，对医疗服务的需求就越高，人生的最后一年的医疗费用通常是一生中最大的。它与老龄人口的患病率较高有关，也与老年人的疾病谱有关。老年人患恶性肿瘤、心脑血管疾病、呼吸系统等疾病的比重较大，这些疾病具有疗程长、治愈率低、费用高的特点。在美国，9%以上的老年人所耗医疗费约占总费用的30%，美国医疗费用增长中7%是人口老龄化所致。1980年，日本65岁及以上老年人的医疗费用是其他人群的4.6倍。在我国，人口老龄化与疾病变化一同作用的结果是，人均医疗费用的年均增长率比人均国内生产总值的年均增长率高2%。2004年，中国基本医疗保险基金支出达862亿元，占基金收入的75.5%，比上年增长31.6%，增长速度比基金收入增长快3.5个百分点。显而易见，人口老龄化加速是医疗费用增长的主要原因。在医疗卫生服务需求增长的同时，养老服务需求也在迅速增长。但是，由于家庭结构小型化，家庭养老功能被逐渐弱化，难以满足庞大数量老年人的养老需求，特别是迅速增加的空巢家庭、带病家庭、高龄家庭的老年人的养老服务需求，导致养老服务需求加速增长。

1.1.2.6 家庭代际关系发生一定的变化

传统的养老做法是，家庭多生育子女。以前医疗技术不发达，老年人的寿命较短，所以在传统家庭养老模式下，子女照顾老年人的时间相对较短，子女供养老人的负担也较轻。现在实行了计划生育制度，推动了小型家庭的产生，由此导致“421”家庭大量出现，一对夫妻需要供养双方的父母和抚养一个未成年子女，负担较重。这种负担不限于经济上，还包括照料和护理老人的时间支出。随着经济的发展，机会成本逐渐提高，照料老人就意味着工作时间减少，工作时间减少可能导致收入减少，收入减少又使下一代无法满足上一代的生活要求，两者产生了不可调和的矛盾。久而久之，子女就会对“尊老爱老”的道德观念产生排斥，视老年人为拖累的现象逐渐增多，两代人之间的矛盾不断加剧。我国传统养老模式的改革和发展成为社会和时代发展的必然选择。具体体现在：

第一，独生子女在家庭养老中承担的养老责任日渐增大。独生子女政策执行多年后，出现了一个子女需要照顾多个老人的情况。我国执行多年的独生子女计划生育政策，导致目前我国新生儿每年出生比率逐年下降。同时，随着人民生活水平和医疗水平的提高，人们的平均寿命在不断提高。在独生子女家庭模式下，由于家庭规模日趋小型化，加上人口年龄不断长寿化，很多家庭出现了“421”的养老模式，独生子女面临多个老人需要照料的需求。

第二，空巢养老问题凸显。随着经济、文化、社会的发展，各个地区发展的开放程度增强，工作流动性增强，很多年轻人离开出生地到外地工作，出现了很多空巢老人，空巢养老的情况随之出现。随着社会经济的发展，城市中青年人的跨地域职业流动加快，传统的文化价值观念以及生活方式发生了很大变化，空巢老人家庭数量也逐年增多，老年人的日常照料问题日益严重。社区功能尚不健全，导致很多养老问题仍然需要由家庭承担。由于生理老化、机能减退，老年人的活动空间大大受到限制，受陌生环境等心理因素的影响，老年人往往将自己的生活与活动范围局限于家里。本课题组对社会上60岁及以上老年人进行随机抽样调查问卷发现，目前85%以上的60岁及以上的老年人倾向于居家养老。我国的社区发展起步较晚，可以提供的养老服务以及社区可以承载的养老功能仍然亟待开发，大部分社区目前尚没有充足的人力、物力、财力等资源来很好地应对当前家庭养老出现的各种问题。

1.1.2.7　社会组织服务能力较弱

我国社会组织起步较晚，提供居家养老服务的社会组织尚不能满足老龄人口快速增长的养老需求。相对于当前我国快速增长的各种养老服务需求，社会组织尚不能从客观上完全满足其需要。以北京市为例，本课题组调研发现，当前北京市养老服务机构的现状如表1.6和表1.7所示。

表1.6　2020年北京市养老机构类型分布现状

地区	公办/家	公建民营/家	民办/家	民办公助/家	机构数量/家	总计所占比例/%
朝阳区	39	9	64	2	114	13.73
海淀区	41	5	41	3	90	10.84
昌平区	37	5	35	1	78	9.40
房山区	43	4	28	2	77	9.28
丰台区	32	6	30	4	72	8.67
大兴区	25	7	21	2	55	6.63
西城区	29	2	14	3	48	5.78
平谷区	32	0	15	0	47	5.66
密云区	31	0	13	0	44	5.30
通州区	21	2	18	0	41	4.94
怀柔区	22	2	9	0	33	3.98

表1.6(续)

地区	公办/家	公建民营/家	民办/家	民办公助/家	机构数量/家	总计所占比例/%
东城区	18	1	8	1	28	3.61
延庆区	19	0	11	0	30	3.37
顺义区	26	1	1	0	28	3.37
石景山区	15	1	10	1	27	3.25
门头沟区	13	3	2	0	18	2.17
总计	443	48	320	19	830	100.00

表1.7　2020年北京市分区户籍老龄人口变动及养老机构床位配备情况

地区	60岁及以上老年人数/人	养老机构总床位数/张	机构平均床位数/张	床位数占比/%	百名老人拥有床位数/张
北京市	3 786 000	147 400	178	100	3
朝阳区	305 000	22 440	197	15.22	7
海淀区	437 000	18 249	203	12.38	4
昌平区	640 000	21 778	279	14.77	3
房山区	384 000	10 743	140	7.29	2
丰台区	125 000	15 455	218	10.48	12
大兴区	552 000	11 441	208	7.76	2
西城区	75 000	3 454	72	2.34	4
平谷区	207 000	7 684	163	5.21	3
密云区	206 000	5 455	124	3.70	2
通州区	165 000	9 866	241	6.69	4
怀柔区	160 000	3 403	103	2.31	2
东城区	169 000	1 616	58	1.10	1
延庆区	73 000	5 029	168	3.41	6
顺义区	104 000	4 134	148	2.80	3
石景山区	112 000	4 849	180	3.29	4
门头沟区	72 000	1 844	102	1.25	2

2020 年北京市 60 岁及以上老龄人口数共计 3 786 000 人，养老机构床位数为 147 400 张，百名老人拥有的床位数是 3 张。从百名老人拥有的床位数看，丰台区为 12 张，是全市最高的地区，其次是朝阳区，百名老人拥有 7 张床位。但是，东城区百名老人拥有的床位数仅 1 张，房山区、大兴区、密云区、怀柔区和门头沟区百名老人拥有的床位数为 2 张，均低于全市平均水平。

1.1.2.8　政府购买居家养老服务处于起步阶段

政府购买居家养老服务起步较晚，尚处于起步发展阶段。居家养老服务是以实现家庭养老为目标的一种具体模式，它主要通过科学的管理和组织，为居住在家的老人提供以日常生活为核心的一系列社会化服务。居家养老服务最初由社区照顾演化而来，主要依靠社区内的各种资源来帮助有需要的老年人。这样，老年人一方面可以留在自己熟悉的社区中继续生活，另一方面老年人又可以获得更为多样化、个性化的服务。国外学者一般将居家养老定义为由个人、家庭、社区、国家共同支持，以社区养老服务和社会养老网络为载体，将家庭养老和社区养老相结合的养老方式。我国港、澳、台地区一般认为，居家养老是倡导老人留在社区内养老，鼓励社区居民相互合作，对有需求的老人进行入户服务。国内学者普遍认为，居家养老是以家庭为基础，以社区为依托，以国家法律法规为保障，综合家庭、个人、社区、国家、非营利组织和市场的综合养老服务体系，主要包括家政服务、生活照料、医疗保健、文化娱乐、精神慰藉、法律维权、高科技通信设施安装等多方面内容。

2008 年，全国老龄委办公室、民政部等多部门联合发布了《关于全面推进居家养老服务工作的意见》，要求各地政府制定居家养老服务发展规划。2011 年，国务院发布了《中国老龄事业发展“十二五”规划》，指出要建立以居家为基础的多层次养老服务体系。2013 年，国务院发布了《关于加快发展养老服务业的若干意见》，提出要加快居家养老服务业的发展。为加快发展养老服务业，我国先后出台了《中国老龄事业发展“十二五”规划》《国务院关于加快发展养老服务业的若干意见》《商务部关于推动养老服务产业发展的指导意见》《关于做好政府购买养老服务工作的通知》以及《十部委：鼓励民资参与养老服务》等国家和地方相关政策。在实践中，北京市逐步形成了“以居家养老为基础、以社区养老为依托、以机构养老为支撑”，覆盖全市的多样化养老服务体系。

当前，国内仍然是家庭养老模式处于我国养老模式的主导地位。但是，随着社会经济的发展，为了应对上述的各种挑战，更多的利益相关者参与到家庭养老中来，让原来的家庭养老模式的内涵得以扩展开来，将更多的社会资源引入家庭养老当中，形成了多方参与的居家养老模式，辅以社区养老和机构养老模式，逐步形成适合我国当前老龄化社会发展需求的，以居家养老为主、以社区养老和机构养老为辅的综合型养老模式。

1.1.3 居家养老模式的兴起与发展

1.1.3.1 *居家养老模式的兴起是社会发展的内在要求*

实践表明，传统的家庭养老方式由于核心家庭增加，家庭平均规模缩小，照顾老人的家庭成员严重不足而难以维持，而机构养老收费偏高，管理和运营机制普遍落后，缺乏人文关怀，也存在较大的弊端。居家养老可以满足老人的基本养老需求，减少代际矛盾，有助于维护社会公平，符合我国现实国情和传统孝道观念。因此，居家养老对构建和谐社会具有重要意义。

第一，居家养老符合我国传统的孝道观念，有助于维护社会公平。几千年来，我国以“孝”为核心的伦理道德，既是社会基本的道德规范与行为标准，也是养老文化的核心内容。儒家文化将“孝”道提高到了人生修养的首要方面，作为人们义不容辞的责任。从家族来看，我国传统的家族是有共同祖先和固定继嗣原则的血缘集团。个体家庭依附于家族，缺乏自身的独立性，家族内部血缘纽带坚实，亲属联系密切，并有崇拜祖先、敬重尊长、信赖族人的文化传统，因此供养范围较宽，涉及亲属面广，不仅家庭成员要互相供养，对鳏寡孤独的老人，其直系和旁系血亲也有供养之责，这种观念在延续家庭养老功能方面发挥了巨大作用。尽管当今社会人们的思想观念发生了重大变化，核心家庭取代了复合家庭，邻里互助也被社会救助所取代，部分家庭养老功能消失，但是孝顺父母、尊敬老人仍然作为社会传统而为人们所称道，几千年的文化不可能在短短几十年中就完全被抛弃，孝文化、尊老敬老、邻里互助的传统美德仍广泛存在于人们的观念与行动中。居家养老作为家庭养老和社区服务相结合的养老方式，依赖于家庭和社会对尊老敬老传统美德的发扬光大。在家庭中，子女对父母孝顺，对老人关怀备至，不把老人当包袱，而要当成财富，尽自己所能为父母提供经济支持、生活照料、精神慰藉，使老人共享社会经济发展的成果。它使老年人心理回归家庭，享受家庭温暖，延续了传统的孝道。在社区中，居家养老服务人员对老年人关怀备至，积极帮助老年人解决实际困难，这也是传统道德文化潜移默化的作用。同时，赡养老人也是法律规定的义务，老年人过去为社会经济发展做出了巨大的贡献，对子女也尽了应尽的抚养义务，当父母年老时，子女应赡养老人，社会应回馈老人。这既是法定的责任，又合乎人类反哺的理性，有助于维护社会公平正义。

第二，居家养老可以减少代际矛盾，符合老年人生活习惯。城市老年人退休前，他们的生活重心和生活场所主要放在工作上，精神生活除了家庭寄托外，还有工作。退休后，老年人角色发生了转换，他们的心理和生活场所发生了一定的变化，不再工作，生活重心回归家庭，主要的生活空间就是其居住的家庭、社区。而随着社会经济的发展，“421”家庭大量出现，生活在家庭中的老人成了封闭老人，老人与社会联系的纽带主要是子女，而子女工作压力大，无暇顾及老人，于是便产生了老人需要人陪伴而子女没时间陪伴的矛盾。而社区居家养老服务能够弥补子女照料的不足，减轻家庭的生活负担。目前，我国的居家养老服务，主要由社区提供，服务的主要内容是物质帮助、生活照料、精神慰藉等，其中主要的是生活照料。生活照料又分为日间照料和上门服务，包括打扫卫生、做饭、购物、洗衣、陪聊等，老人生活由此得到了很好的照顾，精神得到慰藉。住在社会养老机构养老的老人，远离自己生活的社区，平时难与家人见面，老人经常感到孤独、寂寞，有被社会、家人抛弃的感觉，而且由于体弱多病，极易死亡。老人经常目睹同伴离世，会产生额外的心理恐惧和精神压力，所以老人大多不愿离开自己熟悉的家庭、社区到养老机构中生活，加之居家养老并不割裂老年人的社会网络，有利于老年人的身心健康，而且熟悉的环境能帮助老人保持原有的生活习惯，与亲朋好友、家人的交流和互动使老年人精神愉快。“金窝银窝不如自己的草窝”，生动地反映了老年人的养老心愿，所以居家养老符合老年人的生活习惯和心理需求。

本课题对全国老年人居住意愿调查的结果显示，调查对象中有 85.05%的老年人希望居家养老，有 6.69%的老年人希望在机构养老，有 7.24%的老年人无明显养老意向，还有 1.02%的老年人没有回答。在本次调查中，希望居家养老的老年人占到了调查对象的八成以上，表明大部分老年人仍然倾向于居家养老的方式，具体如图 1.1 所示。

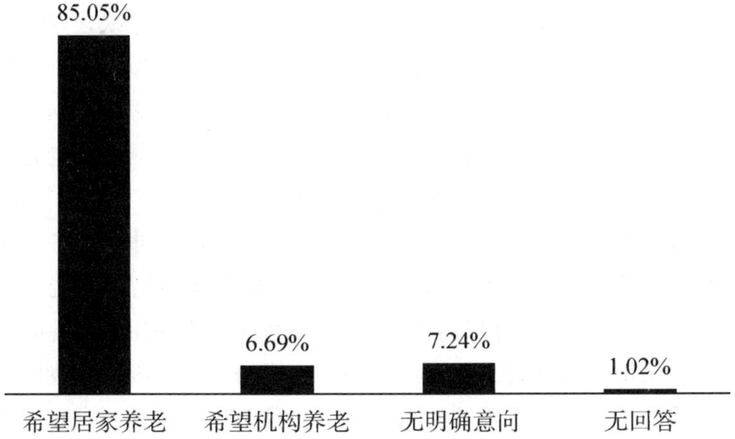

图 1.1　全国老年人养老居住意愿调查结果

根据一项北京市老年人居住意愿调查的结果，北京市90%的老年人选择在家养老，6%的老年人选择在社区养老，4%的老年人选择入住养老服务机构集中养老。前两者合称为“居家养老”。这些统计数据充分表明，居家养老是北京市老年人普遍选择的一种养老方式。具体如图 1.2 所示。

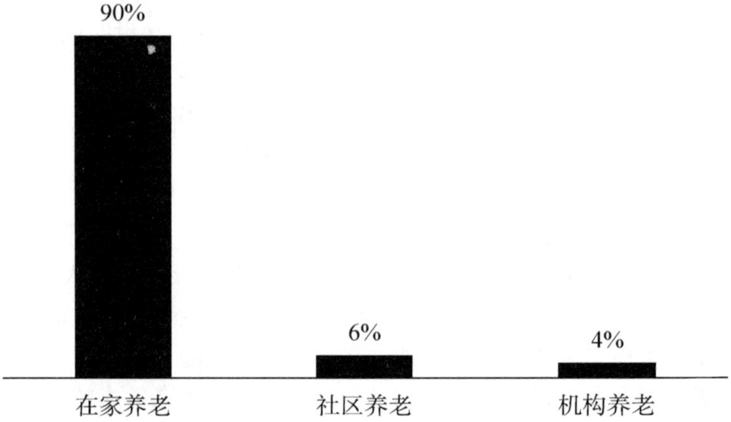

图 1.2　北京市老年人养老居住意愿调查结果

第三，居家养老符合我国现实的国情，可以满足人们的基本养老需求。首先，从现阶段来看，我国传统农业和现代化工业二元经济并存，整体生产力发展水平较低，经济发展质量较差。我国于 1999 年进入人口老龄化社会，我国人口老龄化与经济发展水平出现了严重的不同步，即中国呈现出发展中国家经济发展水平与发达国家人口老龄化程度并存之态势。发达国家进入人口老龄化社会时人均国民生产总值一般在 1 万美元以上，而我国进入人口老龄化国家时人均国民生产总值仅 1 千美元左右。因此，我国老人的养老缺乏国家强大的经济实力做后盾，养老资源、照顾资源相对匮乏，社会养老保障机制不健全，覆盖面较小，社会养老保险水平较低。要解决这些矛盾，就必须探索和建立能够与我国社会发展相适应的养老方式。目前来看，只有采用居家养老方式，才能实现各种养老方式的优势功能互补，才能与我国当前的生产力水平相适应。这也正是居家养老方式的特征。其次，与西方历史传统不同，在东方社会结构中，家庭构成社会生活的核心和基础，为家庭成员提供包括养老、医疗、生育、救济、福利等全方位的保障功能，东方家庭的异化和超稳定性结构，在相当大的程度上抵消了工业化浪潮对家庭保障功能的削弱。因此，我国社会保障改革应当尊重和依托家庭保障的作用。但是，我们也应看到，家庭保障也存在一些固有的缺陷。当前我国大约有 70%老龄人口“因病致穷”，家庭的社会保障功能具有一定的脆弱性。这就为发展社会保障，让社区在社会保障改革与制度安排中发挥更为重要的作用提出了要求。而居家养老巧妙地将家庭和社会结合起来，既发挥了家庭养老的优势，又弥补了家庭养老的缺陷，非常符合老人的恋家情结，符合我国的国情。最后，我国当前刚刚步入老龄化社会，很多配套措施不完善，需要社会大力投入人力、物力、财力，从各个方面发展居家养老服务。1970 年，美国入住养老院的老人数量仅为居家养老服务老人的 1/17，但护理费用开支总额达到 800 亿美元，比居家老人的护理费用总额高出 1.6 倍。我国也是如此。有统计资料表明，设置一个养老床位的费用，最低限度相当于 150 位老人在社区内一年基本养老照料的费用。从经济学投入—产出的观点看，依托社区的居家养老，服务成本较低，服务方式比较灵活，社会效益明显。为了既能够减轻老年人及其家庭的负担，又节省整个社会养老资金的投入，适应我国当前未富先老的国情，大力发展居家养老服务模式，能够满足老年人的基本养老需求。

第四，居家养老可以提供具有创意的就业新形式。进入 20 世纪 90 年代以来，我国出现了严峻的就业难问题，如何解决剩余劳动力的出路，是整个社会关注的热点问题。在这些急需就业的人群当中，大龄失业人员尤其是女性失业人员，再就业或者找到新的就业岗位，是非常困难的事情。党的十八大提出了“小政府，大社会”的改革战略方向，社区服务成为未来社会服务的一个非常大的发展领域，具有巨大的潜力，是前景广阔的新兴产业。随着社区服务的发展，必然要求更加专业的人员来参与这项事业，居家养老社区服务拥有巨大的需求市场，能够提供大量的就业岗位。近些年，国有企业改革使许多低龄老人未到退休年龄就从岗位上提前退休。为减轻就业压力和减员增效，吸收这些低龄老人进入社区居家养老服务行业，不但可以使这些提前退休的不到退休年龄的工作人员收入增加，还有利于降低居家养老服务成本，对于我国未富先老的国情来说，具有特别重大的意义。

1.1.3.2 *居家养老服务的发展*

（1）居家养老仍是我国当前最主要的养老模式。随着社区养老的逐步兴起，未来将形成以居家养老为主体，以社区养老、机构养老为辅助的综合养老模式。国家推出了社会福利社会化政策，原有的养老服务模式在不断变革中求生存，同时，各种新的养老服务形式如雨后春笋般破土而出。总的来看，养老服务可分为三大类：居家养老、机构养老以及社区养老。中国推行的养老模式主要为“9073”模式，这一模式最早在国家“十一五”规划中由上海率先提出，即 90%的老年人由其家庭自我照顾，7%的老年人享受社区居家养老服务，

3%的老年人享受机构养老服务。根据2021年养老产业发展报告数据，目前我国的养老模式结构为居家养老占市场份额96%，社区养老占3%，机构养老占1%，距离国务院提出的“9073”模式结构尚有差距①。机构养老和社区养老的规模将进一步扩大。根据观研报告网预测数据，到2026年，我国养老机构床位数量可能达到982.42万张②。根据国际标准，中国已于1999年迈入老龄化社会，并将在2024—2026年进入深度老龄化社会，养老产业的发展需求迫切且具有潜力。观研报告网指出，预计到2027年，我国65岁及以上人口数量将达11 837万。社区养老是未来养老的重要载体，仍在摸索阶段，养老服务可能成为投资商未来的竞争焦点。目前养老服务机构中医疗收入占比较小，但可以预计未来医养结合的养老机构将会成为主要趋势。

（2）居家养老服务体系逐渐完善。在改革开放进程中，随着人口老龄化的进程加快、家庭规模的小型化、人口的流动性增强以及老年人的需求不断增加，我国的养老模式正经历着从单一走向多元的变迁，养老模式的社会化发展已成为大势所趋，养老服务体系也逐渐完善。1999年，我国正式步入老龄化社会，政府认识到老龄化形势的严峻性和养老服务的重要性，集中出台了一系列养老服务政策。2000年发布了《关于加快实现社会福利社会化的意见》《国务院办公厅转发民政部等部门关于加快实现社会福利社会化意见的通知》（国办发〔2000〕19号）、《关于加强老龄工作的决定》（中发〔2000〕13号），第一次明确提出“要努力建立以家庭养老为基础、社区服务为依托、社会养老为补充”的养老机制。2005年，又出台了《关于支持社会力量兴办社会福利机构的意见》（民发〔2005〕170号）、《民政事业发展第十一个五年规划》和《关于加快发展养老服务业的若干意见》（国发〔2013〕35号），在全国城市开展养老服务社会化示范活动，引导和鼓励社会力量参与养老服务。2008年又出台了《关于全面推进居家养老服务工作的意见》，提出要运用税收优惠政策，鼓励和支持社会力量参与、兴办居家养老服务业，建立和完善社区居家养老服务网络。2011年，国务院办公厅颁发《国务院办公厅关于印发社会养老服务体系建设规划（2011—2015年）的通知》（国办发〔2011〕60号）；2013年，民政部颁发《关于推进养老服务评估工作的指导意见》（民发〔2013〕127号），国务院办公厅印发《关于政府向社会力量购买服务的指导意见》（国

① 资料来源：国家统计局2020年2月颁布的《养老产业统计分类（2020）》（国家统计局令第30号）[EB/OL]. http://www.stats.gov.cn/tjgz/tzgb/202002/t20200228_1728992.html.

② 资料来源：资产信息网千际投行前瞻产业研究院. 2021年养老产业发展研究报告[EB/OL]. https://new.qq.com/rain/a/20211025A0DH8700.

办发〔2013〕96 号）等文件，提出要加快发展健康养老服务，推进医疗机构与养老机构加强合作、探索公建民营、政府购买服务等多种养老服务供给方式，并对养老服务需求内容进行评估，以提供有针对性的养老服务，创新养老服务供给方式，提高养老服务质量。2017 年，《关于“十三五”国家老龄事业发展和养老体系建设规划》（国发〔2017〕13 号）中要求，“居家为基础、社区为依托、机构为补充、医养相结合的养老服务体系更加健全”，更加明确了社会化养老服务的发展方向。2020 年，国务院印发的《关于促进养老托育服务健康发展的意见》中也指出：老有所养政策体系应该不断健全，养老服务模式应不断扩大多方参与力度、供给多种服务方式。一系列养老政策文件的出台，表明了国家和政府对养老工作的重视程度，政府购买居家养老服务，在促进养老服务发展方面是不可或缺的部分。

（3）居家、社区和机构养老服务模式一体化发展。在实践中，我国的养老服务模式逐步确立，初步构建起了以居家养老为基础、社区养老为依托、机构养老为支撑、医养融合发展的多层次社会化养老服务体系。其特征可以概括为四点：第一，养老服务主体社会化，家庭养老的部分功能开始转向社会，发展了机构养老、居家养老、社区养老等多种形式；第二，受益对象大众化，由“三无”和“五保”老人扩大为全社会老人；第三，保障内容全面化，从单一的救助型养老向全方位服务的福利型养老转变，由补缺型向普惠型转变，内容扩大为日常照料、医疗护理、精神慰藉、休闲娱乐等方面；第四，服务队伍专业化，社会大力倡导养老服务教育，养老机构专业人员队伍逐渐形成。人口老龄化快速发展对我国养老模式的转型与优化不仅是一个机遇，更是一种挑战。社会化、多元化的养老模式能够满足老年人日益增长的养老服务需求，使养老服务趋于规范化和人性化。崔树义和杜婷婷认为，居家、社区和机构养老是我国养老服务体系的三大组成部分，三者不应该是相互分割和孤立的，而应该是一体化发展的。何为一体化发展？一是养老服务的发展要与社会经济发展水平相对应，不能脱离实际；二是三种养老模式要相互结合，均衡发展，要照顾大多数老年人的需要和能力，不能单兵突进（比如过度发展机构养老）；三是三种养老模式在内容上要相互融合、相互补充、相互支持；四是三种养老模式在服务平台上要相互兼容，共同发展①。

平安调研报告相关数据显示：中国养老服务存在巨大的供需缺口，医疗、康复、护理类专业化服务人才欠缺，医疗照护服务领域有效供给严重不足。除

---

① 崔树义，杜婷婷. 居家、社区、机构养老一体化发展研究［J］. 东岳论丛，2021，42（11）：36-44.

了“服务标准化、技能提升”等管理和人员培训能力之外，数字化能力也将成为居家养老专业服务公司的核心竞争力。虽然目前我国已经进行了多种新型养老模式的尝试且取得了一定成效，但总体上我国的社会化养老仍处于起步阶段，一些新型养老模式的实用性和适用性还有待进一步实践和探索。

1.1.4 政府购买居家养老服务的兴起与发展

党的十八大召开以来，国家福利制度体系不断完善与发展，要求政府转变角色，提供更多的公共福利给弱势群体，政府通过向社会组织购买公共服务的方式，为公众提供越来越多的公共服务产品。我国政府不断推进构建新型政府治理体系，政府购买服务成为创新政府管理模式的重要方式之一，政府购买服务的方式不断创新。随着市场改革向纵深发展，运用市场经济方式来满足养老服务需要在提高效率方面逐渐被社会认可。政府采用多元化提供养老服务的模式，在原有的诸如养老院等机构养老的基础上，形成以政府购买居家养老服务、社区养老等多种养老模式结合的综合养老模式，以满足老年群体的多种需要。其中，政府向社会组织或市场上其他组织购买居家养老服务的模式，优化了政府、市场和社会三者的资源配置效率，有利于更好地为老年群体提供更多的公共服务。从 1995 年开始，我国各级地方政府开始探索政府购买服务，其中上海市政府是探索政府购买养老服务较早的地方政府。2006—2020 年，国家出台了关于政府购买养老服务的许多法规文件。2014 年底，财政部等出台《政府购买服务管理办法（暂行）》。2020 年 2 月，财政部正式颁布《政府购买服务管理办法》（政部令第 102 号），对购买主体、购买内容、购买活动的实施、监督管理和法律责任等做出了相关规定。

政府购买社会组织居家养老服务，作为政府参与居家养老服务的重要领域，对于缓解养老服务领域日益突出的供需矛盾产生了积极作用。政府购买居家养老服务作为政府购买公共服务的重要领域之一，也是政府职能转型的重要体现。经过几年的实践与探索，政府购买居家养老服务已经取得了一定的成绩，为有效缓解和减轻家庭养老压力提供了积极的帮助和支持。从各地政府购买社会组织居家养老服务政策实践案例来看，不同地区采用的购买方式存在差异，既有以公开招标等契约化合同购买方式进行的直接购买模式，也有采用经费补贴方式的直接购买模式，还有采用居家养老服务券方式进行的间接购买模式。在政府向社会组织购买居家养老服务模式的划分上，则主要参考政府购买公共服务模式分类指标，并结合实践案例整理归纳出政府购买社会组织居家养老服务的模式，主要有形式性购买（依附性非竞争购买）、委托性购买（独立性非竞争购买）和契约化购买（独立性竞争购买）三种模式[①]。

当前政府购买居家养老服务取得了一定成效。张旭指出，当前政府购买居家养老服务不仅有效激发了社会主体的参与积极性，充分创新了我国政府的社会治理模式，而且基本形成了政府支持、国有和民营企业运行经营、社会组织和第三方机构进行生产和提供、老年人享受福利的相对比较稳定的养老服务供给模式[②]。王雪等认为，社区提供的居家养老服务围绕家庭展开，由街道办事处和上一级政府共同为社区兜底，分担了财力、物力和精力方面的成本，使得以独生子女为主的小家庭的养老负担被减轻，非常符合我国当前经济发展的阶段要求和特点[③]。刘西国和刘晓慧认为政府购买居家养老服务增加了就业岗位和就业机会。随着社会的进步，男女平等的理念深入人心，男性和女性进入人才市场的概率逐渐趋近，传统意义上由女性照顾家庭的习惯与女性的职业工作产生了冲突。在这种情况下，由政府和专业机构共同组成的养老服务业新兴市场使得人们多了一种选择，女性也可以选择从事养老服务业，大大缓解了就业难的问题[④]。

不同的购买模式存在不同的潜在风险。李双全和张航空通过对比几种不同的政府购买居家养老服务的模式，发现不同购买模式没有好坏优劣之分，均有其特定的适用条件和隐含的潜在风险（具体见表 1.8）。各地在推广应用政府购买社会组织居家养老服务时，应因地制宜地选择合适的购买模式，并完善相关配套政策，从而减少或避免购买过程中的潜在风险[⑤]。

表 1.8 政府购买居家养老服务不同模式的对比分析

购买模式	适用条件	潜在风险
形式购买	政府购买服务经验不足，居家养老服务市场难以选择到合适的服务供应方，为规避风险且急于推动购买服务落实	本质还是全能型政府角色，不利于形成社会组织健康发展的社会环境，难以根本解决公共服务低质低效等问题

① 李长远. 我国政府购买居家养老服务模式比较及优化策略 [J]. 宁夏社会科学，2015 (3)：87-91.

② 张旭. 县域政府购买居家养老服务：成效、问题及路径构建：基于 N 市 J 区的实证分析 [J]. 云南行政学院学报，2019，21 (2)：140-146.

③ 王雪，赵成玉，白灵丽，等. 中国社区居家养老现状 [J]. 中国老年学杂志，2019，39 (4)：1012-1015.

④ 刘西国，刘晓慧. 政府购买服务对老年人居住偏好的影响：基于 CLHLS 2014 数据实证检验 [J]. 福建农林大学学报（哲学社会科学版），2018，21 (1)：58-65.

⑤ 李双全，张航空. 政府购买社会组织居家养老服务：典型模式、适用条件及潜在风险 [J]. 江淮论坛，2019 (6)：175-179.

表1.8(续)

购买模式	适用条件	潜在风险
定向委托	政府现有资源难以满足服务需求，需要引入专业社会组织提供服务，居家养老服务市场中有专业化程度高、社会声誉好的服务机构且与政府彼此信任,易于推动服务项目落实	政府容易产生对服务机构的依赖，形成“供应商垄断”和“内幕交易”等风险，且不利于形成社会组织良性竞争的制度环境，社会组织缺乏改善服务的内在动力
竞标购买	居家养老服务市场发育较为成熟，存在多个有效竞争的供给主体，政府具备足够的服务购买应变能力和合同管理能力，监管体系较为完善	服务供给市场并非有效竞争市场，难以通过竞争选择到相匹配的服务机构，且复杂的购买程序增加了额外的时间成本和经济成本，政府对购买的复杂性和不确定性准备不足
凭单购买	消费者服务需求多元化，市场存在或潜在较多的服务生产者，消费者具备判别服务质量的能力，且具备经常消费的意愿，政府具备应对复杂多变的情境的能力	政府现有监管能力难以跟上多个服务供给主体，为服务机构不当行为预留空间，消费者与生产者之间存在潜在“共谋获利”行为，且分散购买不利于降低政府购买成本

尽管政府购买居家养老服务已经取得了一定的成绩，但是，现实中仍然存在一定的挑战。具体表现在：

第一，供需不平衡。李志鹏和曲绍旭认为目前我国大多数养老服务组织的独立性较差，政府部门对养老服务组织的直接或间接干预较多，二者之间的关系更多的时候是一种从属关系而不是平等关系。这种不平等的关系造成了政府对养老服务组织存在不同程度的控制或干预，导致居家养老服务资源配置与应用效率低下，出现部分服务供给剩余、部分服务供给不足的养老服务供需失衡状况①。基于以上问题分析，李志鹏和曲绍旭提出要增强社会组织的服务提供能力，建立服务质量监督和反馈机制，发展政府主导下的政社合作关系。只有形成这样的政社关系，才能使居家养老服务的供给质量不断提升，改善居家养老服务供需失衡现状。

第二，对购买居家养老服务监管不力②。监督是政府责任得以实现的基础，是养老服务体系中不可或缺的部分。它不仅是落实政府责任、改进管理、

① 李志鹏，曲绍旭. 政社关系视角下居家养老服务供需失衡问题研究［J］. 老龄科学研究，2021，9（12）：67-75.

② 雷雨若，王娟. 地方政府购买居家养老服务中的监管失灵及其矫正：基于南京、宁波、广州、合肥和深圳的分析［J］. 济南大学学报（社会科学版），2020，30（1）：145-156，160.

提高效能的一个有效工具，而且也是老年人表达利益诉求和参与养老服务的重要途径和方法，直接关系着养老服务目标的实现。然而，受不同利益相关者的影响，在政府购买养老服务的监督实践中，存在立法监督供给不足、行政监督存在惰性、社会监督缺乏渠道等问题。具体表现为：首先，监督没有系统的法律法规。制度建设重评估轻监督，法规文件规定含糊其词，政策缺乏指导性和可执行性，使监管流于形式，可操作性不强。其次，监督机构混乱低效。政府监督主要包括两类：服务质量监督和居家养老服务机构监督。但在现有的行政体制下，大多数服务监督工作实际由最底层的街道办事处和社区工作站来具体开展，加重了居家养老服务机构的负担。再次，第三方评估机构监督缺乏公信力以及居家养老服务机构的内部监督不足也是目前监督低效的原因。再其次，监督机制不健全。具体包括监督主体较为单一，主要以政府行政监督为主；监督权责不统一，普遍存在监督人员责任大、权力小的情况；缺乏对政府的监督，导致政府内部有可能存在权钱交易、不公平执法等以权谋私的行为。最后，缺乏科学的评价监督结果。具体表现为评估指标科学性不足，易忽视对居家养老服务机构财务方面的考核；评估结果公开程度低，未公开具体指标的评估详情；主要是对服务结果进行监督，而缺乏对服务过程的监督评估，导致评估不能常态化；评估结果运用仍较为单一，评估的激励和约束作用不明显。

1.2 研究意义

1.2.1 理论意义

1.2.1.1 拓展政府购买居家养老服务的评估指标研究

政府购买居家养老服务的成本效益评估体系，是指既考虑政府购买居家养老服务的成本项目，又考虑其经济和社会效益，并将其以评估指标的形式，纳入评估体系的构建当中，形成的一套具有可操作性的评估指标体系。通常需通过建立指标、筛选指标、计算指标权重、完善指标来完成指标构建。目前对于政府购买居家养老服务指标多从主观幸福感出发，是追求社会效益的一种体现，但政府购买行为也会产生一系列经济效益。基于对成本效益关系的研究，将更有助于为系统分析提供完整的评估标准。

1.2.1.2 解构评估指标应用原理

政府购买居家养老服务的成本涉及各种成本类型。经济效益评估涉及社会资金一次分配、非营利组织资金二次分配和利益相关者收益三次分配项目和金额的筛选和分析。社会效益评估指标涉及无谓因子、转移因子、归因因子、衰减因子的识别。综合分析 NPV（净现值）、DEA（数据包络分析）、SOM（自组织映射）等指标应用方法解释成本效益评估指标应用原理，通过数据多重对比择优指标，让评估指标既能够从理论上体现成本效益原则，又满足评估实践过程中指标使用的可操作性，弄明白成本与效益的关系，为其他类似研究提供可资借鉴的分析框架。政府购买居家养老服务基于新公共管理理论和社会福利社会化理论，多采用事后绩效评估指标。本课题组从事前评估、事中监督、事后绩效评估全面出发，构建多元化的评估指标，让评估标准更健全，评估结果更具有有效性。

1.2.1.3 丰富多学科的交叉评估理论研究框架

政府购买居家养老服务评估涉及多学科的交叉研究。不同学科背景的研究者们从多个维度尝试对政府购买居家养老服务的评估指标进行研究，但是尚未取得统一的评估标准。本课题组拟从社会学、经济学、管理学等交叉学科视角，探索在交叉学科理论背景下，政府购买居家养老服务的评估指标构建。本课题组综合不同的理论研究框架，从成本效益视角建立评估框架，以期构建多学科交叉评估框架，丰富评估指标构建的内涵，多重响应居民需求，为政府评估购买居家养老服务项目的经济效益和社会效益提供具有可操作性的系统性分析框架，提供评价标准和参考依据，满足综合衡量的实际需求，提高政府购买居家养老服务的质量和公共绩效。

1.2.2 实践意义

1.2.2.1 理解居家养老服务的重要性及成本项目和成本标准

为了推动我国养老事业的发展，推动居家养老服务模式的发展，政府鼓励各种社会力量参与居家养老服务。养老服务是我国社会保障体系的重要组成部分。我国的社会保障制度从国家保障逐渐向社会保障模式转变，并且对我国建立独立于企业之外的社会保障体系有着积极的促进作用。在目前人口老龄化加速的背景下，恰当地选择居家养老模式作为社会保障的一种解决途径，有利于在解决城市养老问题的同时，不断提高老年人的生活质量，促进我国城市高质量发展。政府在推进公共服务的供给方式尤其是养老服务的供给方式的时候，选择政府购买居家养老服务模式，必须首先了解居家养老服务的成本项目及成本标准，以及如何采用成本效益的方式进行评价，为政府实施和推广居家养老服务提供评估指标参考，最大化发挥居家养老服务模式在解决我国养老问题中的作用。

1.2.2.2 为完善政府购买居家养老服务的购买机制提供成本效益评估方案

政府购买公共服务的购买机制的完善，离不开评估指标体系的建立与完善。构建符合实际的政府购买各类公共服务的评估指标，有利于完善政府购买公共服务的购买机制。

本课题组致力于构建具有可操作性的居家养老服务的成本效益评估指标，不断完善政府购买公共服务的评估标准和评估体系。当前我国传统的家庭养老模式受到挑战：一方面，私立养老机构费用昂贵，普通家庭很难长期支撑；另一方面，公立养老机构床位非常紧缺。基于养老现状以及老年人居家养老的需求，我们应当大力推广政府购买居家养老服务模式。

我国政府结合实际探索政府购买居家养老服务的模式，已经有近十年的时间。本课题组实地调研发现，当前各级政府在探索购买居家养老服务的过程中，还存在一定的困惑，比如居家养老服务的内容根据不同年龄段老人的需求，有很大差异，实际中很难进行“一刀切”的标准化操作。居家养老服务对象，当前还是主要集中在身体状况比较良好的低龄老人群体，如 60~70 岁之间的老人，这些老人需要接受的居家养老服务的内容更多地倾向于保洁服务等类型。政府购买居家养老服务的财政预算过低，导致真正需要居家养老服务的高龄老人的诸如身体照顾等需求无法得到完全满足。而身体健康的低龄老人由于额外的养老服务需求较少，政府购买居家养老服务的作用或者社会价值无法充分体现。各级政府在购买居家养老服务的过程中，当前每年执行的政府购买居家养老服务的预算资金体量普遍偏小，购买居家养老服务的服务对象数量较少，且政府购买居家养老服务项目通常要求的执行时间较短（一般为 3 个月至半年），对于政府购买居家养老服务的绩效评估，基本上都以服务对象的满意度评价为主要指标，尚未形成整体性评估指标体系。有鉴于此，本课题组为了配套完善政府购买居家养老服务体系，按照成本效益原则，设计与构建政府购买居家养老服务评估指标，以便为未来政府规模化、效益化购买居家养老服务提供评估标准和评价手段。

按照民政部关于“社会养老服务体系建设应以居家为基础、社区为依托、机构为支撑”的要求，各级政府需要通过与承接居家养老服务的社会组织签订相关合同的方式来实现养老服务的提供。而采用评估的方式可以判断该模式是否达到预定的居家养老服务的目标，进而决定是否支付费用。因此，不同的评估标准决定了居家养老服务目标如何实现、服务质量如何保障等问题。居家养老服务评估通过相应的指标对服务项目进行考量，具备科学性、系统性、可行性、有效性等多项特点，全面系统考核项目，因而科学合理的评估指标，对于构建评估机制、完善评估标准意义重大。

1.2.2.3 为政府购买居家养老服务的承接机构加强内部管理与绩效评估提供评估依据

社会养老服务组织是政府购买居家养老服务的主要承接机构，是实践和运行居家养老服务项目的关键环节。基于委托—代理理论，政府是委托人，社会养老服务组织是受托人。社会养老服务组织在参与项目落实前，需要深入掌握和了解政府购买居家养老服务的目标与任务，合理制定政府购买居家养老服务的服务内容和服务标准。因此，对政府购买居家养老服务的评估指标的理解和认识，是非营利组织（社会养老服务组织）更有效率地提供居家养老服务的主要参考标准和依据。对于评估指标的深刻理解，能够让承接居家养老服务的各类非营利组织（社会养老服务组织）或者其他机构，在项目的实施中减少资源浪费，提供高质量的居家养老服务。评估指标作为绩效评估的一种表现形式，非营利组织（社会养老服务组织）也可以将其应用在自身评估体系中，促进本组织提高承接项目的质量与绩效，使本组织能够健康可持续发展。

1.2.2.4 提升公众对居家养老服务的成本效益评估指标的认识，提前进行养老金规划与提高养老金储备意识

政府购买居家养老服务主要是以老年居民需求作为切入点。老年居民作为被服务的主体，需要了解政府居家养老服务的内容、承接机构、运作、管理、评估等一系列过程，界定自我的需求与政府购买项目的契合点，针对不同服务类型与服务目标，可以灵活地做出养老金的规划与储备，为老年生活做好充分准备。此外，居民了解政府购买居家养老服务成本效益的评估指标，有利于从居家养老服务接受者的视角，反映项目服务质量优劣、目标完成情况、需求实现与否。作为服务项目的接受主体对象，直接反映主观感受，有利于帮助政府评估居家养老服务的质量，提高政府购买居家养老服务的绩效。

1.2.2.5 合理应用和推广成本效益评估指标，加快完善我国居家养老服务的评估体系

本课题组以成都市政府购买居家养老服务的 YBK 具体项目为研究案例，进行应用案例分析，试图通过该评估指标的应用与分析，不断完善该评估指标，从成本效益视角出发，使该评估指标更加具有可操作性，有利于该评估指标更加具有系统性和科学性，指标应用更加具有适用性和有效性，有助于该成本效益评估指标的推广，更好地为政府购买其他公共服务项目提供评估指标参考与借鉴。

1.3 研究思路与研究方法

1.3.1 研究思路

本课题的基本研究思路是：理论框架→指标设计→指标筛选→指标赋权→指标应用→政策建议。基于成本效益评估的相关理论，本课题组设计了政府购买居家养老服务的成本效益评估指标，并通过德尔菲法赋权，建立可应用性和可推广性较强的政府购买居家养老服务评估指标。在此基础上，基于成本效益评估理论，采用本课题组构建的成本效益评估指标，运用成本效益分析方法，对政府购买居家养老服务进行前期和后期评估应用分析，提出政府购买居家养老服务成本效益评估指标的使用流程及案例操作范式，并针对当前政府购买居家养老服务项目的评估提出合理的政策建议。

1.3.2 研究方法

本课题研究中使用的研究方法有：

（1）文献研究法。本课题组梳理了评估文献，揭示了政府购买养老服务评估理论发展脉络，系统描述了政府购买居家养老服务项目评估指标研究的全景视图。

（2）调查研究法。本课题组使用问卷研究等方法，通过获取连续性的、可对比性的数据资料，保证指标设计的完整性，以及确保构建的评估指标的赋权客观性及可操作性，提供可靠的数据。

（3）案例研究法。本课题组在对成本项目和成本标准的研究过程中，选取 HST 全国居家养老服务中心进行案例分析；在对成本效益评估指标的应用分析中，选取成都 YBK 养老服务中心为案例分析对象，进行案例应用分析，为更好地理解成本效益评估指标以及评估指标的应用和推广提供参考。

（4）定量研究与定性研究相结合的方法。本课题组采用定量研究与定性研究相结合的方法，在确定政府购买居家养老服务项目的成本项目和成本标准的基础上，进一步分析居家养老服务的成本效益，通过设计和发放调查问卷并进行深度访谈，获取基础研究资料，设计与构建成本效益评估指标体系，选取案例对该指标体系进行实际测评，为该指标体系的推广提出可操作的方案。

2 理论基础和文献综述

2.1 概念界定

2.1.1 家庭养老的概念

家庭作为自然人成长和生活的基本单位，承担着繁衍后代、维系人伦情感、赡养老年人的功能。家庭养老在中国已有几千年的历史，目前仍然是老年人养老的主要方式。我国老年人权益保障法也规定，赡养人对老年人负有进行经济上的供养、提供生活上的照料和精神慰藉、照顾其特殊需求等义务。受到中国传统伦理与文化的影响，老年人普遍倾向于在家中养老，子女一般也倾向于将老人安置在家中而不是将老人安置在养老院等机构养老。家庭养老，尽管在居住模式上可以选择独居、与配偶居住或者与子女共同居住等形式，但核心部分仍然是由家庭的子女为老年人提供经济供给、生活照料和精神支持①。一般来说，家庭是老年人活动的主要场所，家庭也是老年人经济支持的主要来源，家庭成员为老年人提供基本的日常照料。与机构养老等养老形式相比，家庭养老的优点之一在于，家庭能够满足老年人情感和精神上的需求，老年人可以在家庭中接受子女等亲人的照料。

当前比较容易混淆的概念是家庭养老与在家养老。家庭养老指的是老人居住在家中并且接受子女或者亲友在物质生活和精神生活上给予的照顾②。老人接受服务的场所就是自己日常生活的、具有家庭氛围的地方，服务来源包括老人自身、老人的配偶、老人的子女及相关亲属。家庭养老强调的是家庭成员中子女对老人的赡养义务，主要从赡养人对老人的经济支持、生活照料、精神慰

① 祁峰. 和谐社会视域下中国城市居家养老研究［D］. 大连：大连海事大学，2010.

② 刘辉. 我国老龄化社会养老模式探究［J］. 法制与社会，2015（4）：169-170.

藉等方面来判断。在家养老只是老年人选择家里作为养老的地点，是以地点来分类的一种养老模式，与家庭养老存在着本质上的差异。随着时代的进步与经济的发展，家庭养老模式面临诸多挑战。第一，由于推行计划生育政策以及人们生育意愿的降低，中国目前存在生育率降低和人口老龄化日趋严重的现象。如果没有社会以及政府对养老的支持，老年人的子女将普遍承担较大的养老压力。第二，随着经济的发展，年轻劳动力社会化的程度越来越高，社会竞争压力加大，年轻人的流动性增强，导致很大一部分比例的年轻人无暇照顾老人，或者老年人与子女不在同一个地区居住，“空巢老人”现象日趋严重。第三，受到市场经济以及西方外来思想的影响，中国传统的家庭养老伦理有所弱化。“孝”作为重要的中国传统道德的约束力有所削弱。第四，随着医疗技术的发展，高龄老人的比例持续增加，老年人需要得到更加细致全面的照料，而老年人的子女很可能受到工作等事务的影响，无法独自承担老年人的照料工作。第五，家庭缺乏适合老年人使用的设施。这些设施包括居住设施、社会公共设施、医疗设施等。

2.1.2 机构养老的概念

作为家庭养老的一种替代或者补充机制，老年人养老模式中出现了机构养老模式。机构养老属于社会化养老的一种，是指由专门机构为老年人提供饮食起居、清洁卫生、生活护理、健康管理和文体娱乐活动等综合性服务的养老模式。老年人的机构养老场所包括养老院、敬老院、托老所等。机构养老模式具有专业化的服务团队，能够为老人提供专业的医疗团队，具有人性化的养老无障碍设施，而且老年人在养老机构进行集中养老，可以缓解孤独感，适当地为子女们减轻负担。然而，随着社会的发展，机构养老也面临着地区分布不均衡；相对于日益加深的人口老龄化程度，养老机构数量较少；养老机构收费偏高且不均衡；在某些基层政府提供的国家全额拨款的养老院等养老机构，由于老年人数量快速增加，导致某些地方政府的财政负担过重；老年人分布和养老设施分布不均衡等问题。

机构养老是一种公益性的非营利养老模式，由养老院、福利院、老年公寓等养老事务执行机构为老年人提供系统化、标准化的养老服务①。机构养老的服务场所是在专业化的养老机构中，服务来源主要为专业化的服务人员。机构

① 徐恬恬. 从“两腿蹒跚前行”到“一体两翼腾飞”：我国养老服务供给方式研究［J］. 社会保障研究，2013（4）：39-44.

养老模式与其他养老模式不同的是，养老服务是一种全人、全员、全程服务。所谓“全人”服务是指养老机构不仅要满足老人的衣、食、住、行等基本生活照料需求，还要满足老人医疗保健、疾病预防、护理与康复以及精神文化、心理与社会等需求；而要满足入住老人的上述需求，需要养老机构全体工作人员共同努力，这就是所谓的“全员”服务；绝大多数入住老人是把养老机构作为其人生最后的归宿，从老人入住那天开始，养老机构工作人员就要做好陪伴老人走完人生最后里程的准备，这就是所谓的“全程”服务。

2.1.3 居家养老的概念

居家养老是指由社会提供给居住在家中的老人一些养老服务的社会化养老模式①。居家养老模式是我国政府当前大力提倡的一种养老方式。2006 年 2 月 9 日，国务院办公厅转发了全国老龄工作委员会办公室、国家发展和改革委员会、财政部、民政部、国家税务总局等十部门联合发布的《关于加快发展养老服务业的意见》，提出“逐步建立和完善以居家养老为基础、社区服务为依托、机构养老为补充的服务体系”。2008 年全国老龄工作委员会和民政部等十部门下发的《关于全面推进居家养老服务工作的意见》，明确要求我国当前养老方式向居家养老模式转变。该意见中对居家养老的概念进行了界定，即居家养老服务是指政府和社会力量依托社区，为居家的老年人提供生活照料、家政服务、康复护理和精神慰藉等方面服务的一种服务形式。

居家养老模式，既区别于机构养老，也有别于传统的家庭养老。它以家庭为核心，以社区为依托，以老年人生活照料（日常护理或者特殊护理）、医疗康复（包括陪同到医院看病、治疗、配药等）、精神慰藉（每天和老人交流，发现老人的需求，排除老人的孤独感）为主要内容，以上门服务和社区日托为主要形式②。居家养老是我国绝大多数老年人的共性选择，老年人普遍希望能够在家中养老。相对于机构养老而言，这更适合我国国情。居家养老模式正是为适应这种需要而产生的。同时，居家养老模式将社会养老与家庭养老结合起来，为老年人提供包括日常照料服务和医疗服务等在内的各种服务。

居家养老服务的内容既包括了由国家、集体和个人共同承担的物质方面内容，也包括了由家庭主要负责的精神慰藉方面，另外还体现了社会承担劳务养

---

① 孙泽宇，关于我国城市社区居家养老服务问题与对策的思考［J］. 中国劳动关系学院学报，2007（2）：98-104.

② 吴玉霞. 政府购买居家养老服务的政策研究：以宁波市海曙区为例［J］. 中共浙江省委党校学报，2007（2）：51-57.

老这部分内容。这种模式能让老人充分享受社会提供的养老服务，同时也能够感受到家庭的温暖[①]。居家养老的基本运作模式，是在社区创办日间照料中心或老年人日间服务站，提供老年人日间活动的场所和包括就餐、清洁、娱乐等日间服务，同时对部分丧失户外活动能力的失能或者半失能老人提供上门服务，为这些老人提供比如医疗等一些专业服务。

居家养老服务是以家庭为核心，以社区为依托，组织专业服务人员，为居住在家的老年人提供以解决日常生活困难为主要内容的社会化服务，如生活护理、健康保健、精神慰藉等，同时以上门服务和日托护理为主要形式，使老年人居住在家中就可以获得社会化的养老服务[②]。居家养老在服务场所方面与家庭养老一致，但其服务来源涵盖了家庭成员（或其他亲属）、社区养老中心、专业化服务机构、非专业社会组织四种类型[③]。其服务对象一般是“三无”老人。随着老龄人口的不断增多，各地开始对养老福利模式进行积极的探索，居家养老服务应运而生。

居家养老的优点与特点在于，充分考虑了各种养老模式的优缺点，将家庭养老与社会养老有机地结合起来，通过整合政府、市场、家庭、个人等资源，建立起立足于社区、服务于家庭的综合新型养老模式，具有资源利用充分、服务效率较高等特征。居家养老服务还根据我国就业人口众多的优势，挖掘这一新的就业渠道，拓展了劳动力市场的范围，促进了整个社会养老服务事业的发展。

2.1.4 成本项目概念

2.1.4.1 成本的概念

成本是商品经济的价值范畴，是商品价值的组成部分，一般有四种解释。第一种，根据《经济大辞典·会计卷》[④]，成本是取得资财的代价或对象化的费用（或两者兼而有之）。取得固定资产所花的支出形成固定资产成本，花费于产品上的费用形成产品成本。第二种，根据《资本论》[⑤]，补偿所消耗的生产资料价格和所使用的劳动力价格的部分就是商品的成本价格。第三种，根据

---

① 陈军. 居家养老：城市养老模式的选择［J］. 社会，2001（9）：22-24.

② 张伟，陶文静. 老年社会工作在城市社区养老中的作用分析［J］. 长春工程学院学报（社会科学版），2011，12（3）：62-64，104.

③ 陈伟涛. “和而不同”：家庭养老、居家养老、社区养老和机构养老概念比较研究［J］. 广西社会科学，2021（9）：144-150.

④ 杨纪琬，娄尔行. 经济大辞典·会计卷［M］. 上海：上海辞书出版社，1991：24.

⑤ 马克思. 资本论［M］. 郭大力，王亚南，译. 上海：上海三联书店，2009：176.

美国会计协会（AAA）所属成本概念与标准委员会在 1951 年对成本的定义，成本是指为达到特定目的而发生或应发生的价值牺牲，它可以用货币单位加以度量。第四种，根据王雄元等主编的《成本会计》一书对成本的定义，成本是指生产经营中所耗费的生产资料转移的价值和劳动力为自己劳动所创造的价值的货币体现，也就是企业在生产经营中所耗费的资金的总和①。成本的特征包括：消耗性、补偿性、综合性、目的性、代偿性。与成本概念相关的概念是费用。费用是指企业日常经营发生的，会减少所有者权益的，与投资者分配利润无关的经济利益的总流出。费用是形成成本的基础，而两者的区别在于：费用同产品的生产有直接关系，与一定的会计区间相联系，但是与具体哪一种产品无关；成本则与一定种类和数量的产品相联系，而无论其发生在哪一个会计区间。

总之，人们要进行生产经营活动或达到一定的目的，就必须耗费一定的资源，其所耗费资源的货币表现及其对象化即为成本。并且随着商品经济的不断发展，成本概念的内涵和外延都处于不断的变化发展之中。从另一个角度来讲，成本也可以是做出某种选择所必须付出的代价。当商家投资时，商家付出的货币等便是商家投资的成本。

2.1.4.2 成本项目的概念

成本项目是指构成成本的费用按经济用途划分而形成的项目，是对产品成本构成内容所做的分类。设置成本项目可以直观地体现成本的构成情况，满足成本管理的需要，有利于企业了解生产费用的经济用途，便于企业分析产品成本的变动情况及变动趋势，查明各成本项目的耗费节约或超支的原因，加强对成本的管理和控制，以降低产品成本。②

按照成本的性质不同，可以将成本分为固定成本（人力成本、基础成本和维持成本）和变动成本（生产资料成本），这些成本项目是可以预计的。对于居家养老服务来说，固定成本支出包括服务人员的工资、业务开展所必需的成本，这些成本与居家养老服务本身的公益性质、政府对居家养老服务的标准和要求以及该地区的人均经济发展水平、健康水平有关，并存在一定系数关系。公摊部分为人力成本、基础成本和维持成本，即做每一项工作均需要此项目成本的支出。通过计算社区卫生服务的必需成本，结合地区政府对社区卫生服务的要求和标准，可以计算为老年人提供居家养老服务所需的费用。

具体而言，居家养老服务成本项目的固定成本包括直接固定成本和间接固

① 王雄元，金静红，蒲文燕. 成本会计［M］. 北京：中国财政经济出版社，2019：2.

② 王玫君. 浅析产品成本项目［J］. 财经界，2012（22）：48-49.

定成本。直接固定成本包括：①基础成本：业务用房、水电通信、业务开展设备和办公设备及其折旧维护、生活保障设施；②人力成本：工资奖金、人员培训、科研开发。间接固定成本包括管理成本（主办单位为了监督和管理社区老年卫生服务、保障社区老年卫生服务中心的正常运转而形成的成本，如双向转诊、物资配备设备和人力等）和维持成本（保洁和消毒、办公、通信、健康宣传成本等）。居家养老服务的变动成本包括医用材料及耗品、器械、被服、药品报损、试剂、医疗风险负担费用等项目。

2.1.4.3 各项目成本的计算公式①（单位为人民币元）

人力资源成本=管理人员成本+医生成本+护理人员成本+管理人员成本。其中：

管理人员成本=（管理人员年薪+每年按规定参加培训和学习的费用）×管理人员数；

医生成本=（地区医生平均年薪+每年按规定参加培训和学习的费用）×医生人数；

护理人员成本=（地区护理人员平均年薪+每年按规定参加培训和学习的费用）×护理人员数；

其他人员成本=（其他人员平均年薪+每年按规定参加培训和学习的费用）×其他人员数。

基础成本=业务用房成本+水电成本+工作及办公设备成本+员工生活设施成本。

其中：

业务用房成本=业务用房面积×（单位面积月租金+单位面积月物业管理费）×12（个月）；

水电成本=水费成本+电费成本；

水费成本=社区人口数×每吨水单价；

电费成本=业务用房总面积×每千瓦时电价×12（个月）；

工作及办公设备成本=（设备总额/设备使用年限）×1.1（即10%为设备维护费用）；

员工生活设施成本=当地最低生活保障水平×工作人员数。

管理成本=主办单位为了加强对社区卫生服务的管理而成立的科室总成本/中心数。

① 陈虾，等. 社区卫生服务保健成本项目及其核算方法［J］. 中国全科医学，2007（9）：761-763.

维持成本=保洁费用+消毒供应费用+办公费用+健康教育宣传成本+通信成本。

因此，居家养老这一公共服务项目的成本，是指在提供居家养老服务过程中所耗费的生产资料转移价值和生产性劳动人口的必要劳动所创造的价值的货币形式。

2.2 理论基础

2.2.1 相关理论

2.2.1.1 马斯洛的需求（要）层次理论

亚伯拉罕·马斯洛（Abraham Harold Maslow，1908—1970），是美国社会心理学家，人本主义心理学的主要发起者。需求层次理论的首次提出，是在马斯洛 1943 年出版的《人类动机理论》一书中。马斯洛将人的需求层次分为生理需求、安全需求、社会需求、尊重需求以及自我实现需求。麦格雷戈将马斯洛的需求层次理论应用到管理学的研究领域，发展出来管理学理论中的 X 理论和 Y 理论。X 理论通常假设人们只是追求生理和安全需求，因此对于那些认为工作只是满足低层次需求的工人，管理者需要采用严厉的管理方式，比如控制、惩罚等方式，对工人进行管理。Y 理论通常针对在工作中主要寻求更高层次需求的人们，比如寻求尊重与自我实现的需求的人们，对这些人的管理应采取比较宽松的管理方式。之后，马斯洛提出将人本心理学视为心理学发展的一个过渡性阶段，又提出了第六个需求层次，认为人类与生俱来就具有自我实现或超越自我实现的精神追求，比如天人合一等精神追求。根据马斯洛提出的需求层次理论的不同发展阶段，研究者们发现老年人的需求也可以用马斯洛提出的需求层次理论来进行解释，通过对老年人不同需求的分析可以发现其真实需求，从而提供更加具有针对性的养老服务。

张蕾①认为医疗需求、养老需求是老年人维持生存的最基本的需求。这两种需求应该同时被满足。医养结合恰恰可以实现老年人的医养需求同时被满足。因此其基于马斯洛的需求层次理论分析了医养结合机制构建中面临的问题，包括老年人多样化需求难满足、政府在医养结合方面的供给不充足、医养结合相关的保障体系不完善、医养结合相关的参与主体不协同等因素均会阻碍

---

① 张蕾. 我国医养结合机制构建研究［D］. 石家庄：河北师范大学，2020.

医养结合的顺利推进等。她认为在医养结合机制建立的过程中，必须从老年人养老需求出发，强化需求机制，激发供给主体的动力，提供符合老年人需求的多层次的医养服务。

胡晓佳、刘佳琪和李慧珍①基于马斯洛需求层次理论对当前老年人养老模式进行分析，认为对于医养结合的养老模式，马斯洛需求层次理论与老年人的养老需求相契合，都是从需要照顾开始，不断增加着需求，希望得到更加专业的照顾，并且渴望通过一些活动满足其精神层面的需求，并从五个需求层面提出了推动医养结合模式发展的措施。

学者刘蓓②深入探讨了居家养老辅助产品与老年人家庭之间的联系。其从产品的消费需求方面，选取广州市展开了实证调查研究，基于老年人福祉文化需求层次理论建立模型，从身心健康、费用支付能力、认知、观念和社会形势与支持五个因素层面对产品消费需求进行分析，发现老年人家庭的认知和社会形势与支持两个因素对老年人消费需求有显著的正向影响。

山娜和张帆等③从马斯洛需求理论出发，发现三类不同老年人的养老需求重心存在一定的差异，退守失落型老年人的需求较多地集中在生理和安全方面，老当益壮型老年人较知足常乐型老年人更注重自身价值的实现。具体来看，在生理需求方面，对保持营养、身体独立性和社会照料的需求是三类老年人的共同特点。在安全需求方面，加强健康管理、减轻环境适应压力以及提高老年人日常居家危险行为警示等需求在老当益壮型和知足常乐型老年人群体中表现得比较明显，退守失落型老年人虽也有此类需求，但是其需求意愿并不强烈，反而更需要来自家庭成员的社会支持。在社交需求、受尊重需求以及自我实现需求方面，老当益壮型老年人和知足常乐型老年人的需求比较强烈。

2.2.1.2　福利多元主义的相关理论

福利多元主义理论产生于西方国家改革福利制度的大背景之下。福利多元主义的定义是福利的提供不再单一地依靠政府，而是将福利责任分散到各个部门当中，加强家庭、社区以及市场的作用。

福利多元主义概念源于 1978 年英国政府发布的《沃尔芬德的志愿组织的

---

① 胡晓佳，刘佳琪，李慧珍. 基于马斯洛需求层次理论的陕西省医养结合养老模式供需分析 [J]. 老字号品牌营销，2021 (9)：77-78.

② 刘蓓. 基于需求层次理论模型探究居家养老辅具产品的消费需求：以广州市为例 [J]. 现代商业，2022 (2)：3-5.

③ 山娜，张帆，王涛. 基于生命历程视角和需求层次理论的老年人养老设计需求研究 [J]. 艺术与设计 (理论)，2020，2 (12)：36-38.

未来报告》。该报告主张把志愿组织也纳入社会福利的提供者行列，将福利多元主义运用于英国社会政策的实践。

对福利多元主义有明确论述的应该是罗斯，他在《相同的目标，不同的角色：国家对福利多元组合的贡献》一文中详细剖析了福利多元主义的概念。首先罗斯提出福利供给不应完全只是政府的行为。政府在提供福利上的确扮演着重要的角色，但绝不是对福利供给的垄断。其次他主张福利是全社会的产物，市场、雇员、家庭和政府都要提供福利，放弃市场和家庭，让政府完全承担福利责任是错误的。德国学者伊瓦斯提出了福利三角范式，他认为福利的提供者应当由三部分组成，即政府、市场和家庭。市场提供就业福利，个人努力和家庭保障是福利的核心，政府透过正规的社会福利制度对社会资源进行再分配。约翰逊采用四分法的方式，在福利三角的范式即国家、市场和家庭的基础上加入了志愿组织，强调福利多元主义暗含的福利供给的非垄断性，志愿组织、家庭等非正式组织在福利的提供上也发挥着重要作用。

随着居家养老服务的发展，居家养老服务也成为社会福利的一个重要部分。从福利多元主义理论分析可以发现其要点是：一是分散福利责任；二是让各个不同社会角色积极参与。福利责任的分散有利于减轻政府的财政负担，拓宽供给福利的各种途径和渠道，让福利的供给有效地满足不同福利需求的变化。

赵浩华①认为社区居家养老作为我国养老体系的重要组成部分，影响着我国养老保障体系的发展和完善。目前，我国社区居家养老中多元主体共存发展存在诸多问题，福利多元主义则提供了一种解决思路，可平衡多主体间的关系，使多元主体职责明确并各自发挥作用。政府作为“掌舵者”，要对社区进行指导，且对市场负有监督的职责。社区应为市场主体等提供平台，发挥自己的主体作用。家庭则要通过购买市场主体提供的服务参与到居家养老中来。由此可见，每个参与主体如果都能明晰自己的职责边界，社区居家养老多元主体就能协同发展，进而提高社区居家养老的整体效能。

姜腊和李运华②从福利多元主义的视角综合阐述社区养老模式，将福利多元理论应用于社区养老模式，并通过借鉴“美国自然退休社区”养老照顾服务、南京兆园社区“时间银行”互助养老以及上海亲和源社区养老照顾等实

---

① 赵浩华. 社区居家养老多元主体参与困境的发生逻辑及治理策略：基于福利多元主义分析框架［J］. 辽宁行政学院学报，2021（3）：48-53.

② 姜腊，李运华. 社区养老照顾服务供给主体作用分析：基于福利多元主义视角［J］. 江汉学术，2021，40（5）：72-82.

践经验，分析供给主体在提供社区养老照顾服务中的作用。通过对比可以发现，国外社区养老模式发展相对成熟且各方主体各司其职，分工明确，效果明显，而国内社区养老服务供给，要么只有非正式支持网络发挥作用（南京兆园社区“时间银行”互助养老模式），要么偏向市场化运作（上海亲和源老年社区养老照顾模式），存在明显“偏科”的尴尬。这说明我国社区养老照顾服务还不成熟和完善，还存在诸多问题和不足。因此他们提出要强化政府主导责任，做好顶层制度设计；鼓励营利性组织参与社区养老照顾服务项目；扶持非营利组织发展；充分发挥非正式支持网络的作用。

2.2.1.3　社区照顾的相关理论

社区照顾的概念，来源于英国在20世纪50年代开始倡导的社会服务策略，它是一种社会服务方式。后来不少福利国家也逐渐兴起了社区照顾这么一种社会工作模式。英国学者苏珊·特斯特在分析了机构养老的利弊以后，提出了对居家老人进行关怀与照顾的理念，认为社区照顾最主要的特征体现为对老年人的服务。学者艾伦·沃克采用分层理论将社区照顾分为内层、中层和外层。他认为内层照顾是指服务对象在家庭生活中获得社区的适当关心。中层照顾是指由社区照顾，通过对家庭、社区、政府、专业机构等各种资源的整合，为老人提供帮助。外层照顾，是指为那些在居家养老过程中患病或者无法自理的老人引入具有医疗专业服务技能的看护或者护理人员，对这些老人进行帮助。学者布里格斯将福利国家界定为：通过国家的力量，可以为所有社会成员提供良好的生活条件，即使在国家遭遇突发事件的情况下，国家依然有能力保证社会成员的生活质量。福利国家通常以国家体制作为全体社会成员安康与幸福的保障，在任何时候，都不会降低社会成员的幸福感和生活质量。

《贝弗里奇报告》则对福利国家的义务进行了具体界定，依据普享性、统一性、均衡性原则，社会福利应该覆盖社会的全体成员，不分族群和阶层；不依据个人收入的多寡而提供均等化和多样性的福利措施，保障整个社会的福利需求。《贝弗里奇报告》对英国社会福利制度的实行产生了深远的影响。然而在1970年以后，西方国家逐渐对福利国家制度感到吃力，福利国家制度受到了来自政治右派的批判。英国在意识形态上实行新保守主义，导致国家福利政策开始发生变化，即削减政府开支，将社会服务的责任重心交给个人、家庭及社区，社区服务得到了快速的发展。

社区照顾理论经过50多年的发展，已经形成了一个较为完整的体系。社区照顾旨在让老人在其所属的社区之中享受养老服务。提倡社区照顾的人士认为，社会服务的资源和决策权应下放到社区层面，这样才能让老人享受更多的自主权。同时，服务的提供则不应单单由政府承担，亦应由政府以外的社区对社区内部的老人进行照顾。社区照顾具体包括三层含义，即由社区照顾、在社区内照顾和与社区一起照顾。社区照顾理论阐明了社区照顾的优越性，其中老年人作为社区的一员，不会被视为被帮助的弱势群体，老年人继续生活在自己已生活多年的社区环境中，这更容易使老年人接受。同时，社区照顾在充分利用各种社区资源的基础上，可以降低养老的成本，促进社会稳定，是比较具有发展前景的养老方式。

社区照顾是指整合全部社会资源，运用正规照顾和非正规照顾网络，为需要照顾的人士在家庭或者社区中提供全面照顾，帮助其过上正常人的生活。一般而言，照顾可以从四个不同层面进行界定：第一，行动照顾——居家饮食的照顾、打扫居所、代为购物等；第二，物质支援——提供衣物、家具、现金、食物等；第三，心理支持——问候、安慰、辅导等；第四，整体关怀——留意生活环境、发动周围资源给予支援等。同时，从照顾提供者的角度，可以将照顾分为正规照顾和非正规照顾。正规照顾通常指由政府承担及提供的照顾性服务，而这些正规服务多由政府人员及专门工作人员提供。不过，随着民间组织和志愿者团体的发展，它们提供的服务也被纳入正规照顾的范畴。非正规照顾则是指由家人、亲友或者邻居基于情感和人伦上的因素及动力而提供的无偿照顾。因此，社区照顾往往涉及行动、物质、心理和环境等各个层面，涵盖正规照顾和非正规照顾。只有如此，社区照顾才能满足需要被照顾的人士多方面的服务需求①。

2.2.1.4 生命周期理论

美国著名经济学家莫迪利安尼提出了著名的生命周期理论，该理论刻画了生命周期和消费之间的关系。他认为，每个人在生命周期之内都会努力寻求收入和消费效用的最大化。在一个人生命的不同阶段会有不同的消费行为，他把人生阶段分成老、中、青三个阶段。人们倾向于在青年时代消费甚至贷款消费然而基本没有什么储蓄；在中年阶段，收入增多，一部分收入被用来偿还年轻时欠下的债务，一部分被储蓄起来用来防老；而在老年阶段，基本没有什么收入，消费占主要地位，并且消费的资金主要来源于储蓄。综上所述，他认为一个社会在人口结构相对稳定，未发生重大变化的时候，从长期来看，边际消费倾向是稳定的。然而当人口结构发生变化时，比如年轻人占比大幅度增加，则边际消费的倾向也会发生重大变化，边际消费倾向会变得较高。如果老龄人口

---

① 本刊编辑部. 社区照顾［J］. 中国全科医学，2019，22（5）：574.

占社会人口的比重较大，则边际消费倾向就会降低。根据这一理论，我国步入老龄化社会之后，老年群体数量增加，老年人占主体的社会以消费为主，老年人的消费则以养老为主。因此，我国居家养老行业将会迎来新的发展机遇，同时面临新的挑战。

孟令琪和罗娟①研究发现，养老保险对居民储蓄存在挤出效应但缺乏弹性，养老保障水平影响居民储蓄，制度完善程度影响居民储蓄心理，家庭成员年龄结构影响储蓄动机。由此看来，当前我国养老保险制度应适当提高社会养老金待遇并进行差异化政策设计，同时政府部门要做好政策引导，加强对制度实施的监管。

毛雅倩和李九全②基于家庭生命周期理论，采用新时间地理学的研究方法，以西安市为例，对老年人日常生活中的日常情境、地理情境与社会情境进行分析。研究结果表明：不同家庭关系结构中的老年人所处的情境存在较大差异。空巢老人与独居老人的活动链更加破碎，双核家庭与多核家庭老年人的活动链规律性较强；家庭生命周期影响老年人的生活圈半径，同时也会影响老年人对社区内外休闲与购物场所活动的时间分配；空巢与多核家庭老年人多与家庭成员一起活动，独居老人则依赖邻居或朋友，双核家庭老年人活动同伴多样；不同尺度生活圈的活动同伴因家庭生命周期而异。

2.2.1.5　社会嵌入理论

美国社会学家格兰诺维特在1985年提出了嵌入理论，认为每个人都被嵌入了一定的社会结构和关系网络中，个人可以借助社会网络中包含的各种资源，比如信息、情感等，取得比较广泛的社会支持。个体与社会之间在这种嵌入过程中，应该避免社会化不足和过度社会化，在个体与社会结构之间实现一种动态平衡。格兰诺维特还强调指出：行动者既不可能脱离社会背景采取行动、做出决策，也不可能是社会的奴隶，相反，行动者在具体的动态的社会关系（制度）中追求自我目标的实现。

从社会嵌入理论我们可以看出，老年人也存在着社会化的需求。老年人退休之后离开工作岗位，远离了在工作中与他人交往的机会。同时众多老年人的子女不在身边，老年人常常会有巨大的孤单和失落感。要解决老年人社会化的问题，社会各界需要给老年人提供一个融入社会的平台。居家养老通过社区服

① 孟令琪，罗娟．基于生命周期理论的养老保险储蓄效应研究［J］．经济研究导刊，2021（31）：68-70.

② 毛雅倩，李九全．基于家庭生命周期理论的老年人日常生活圈情境研究：以西安市为例［J］．地域研究与开发，2020，39（2）：169-175.

务这个中介就可以实现这一目标。

王勤[①]对城市社区居家养老的特点与模式进行分析，并从社会嵌入理论角度提出了提高养老服务水平的相关建议，认为我国各个城市应坚持因地制宜的原则，采取与当地人口老龄化程度相符合的养老服务模式，并充分发挥政府在此方面的引导职责，提高服务队伍的素质与水平，坚持以人为本的原则，使养老服务的层次与水平得到不断提升，使老年人能够幸福舒心地安度晚年。

2.2.1.6　成本分析方法

有效的成本控制是企业在激烈的市场竞争中获取成功的基本因素。成本分析是企业成本管理的重要环节，是在企业成本形成过程中，对成本进行的对比评价和总结。它贯穿成本管理的全过程，主要是建立起科学合理的成本分析与控制系统，利用成本核算资料，与计划成本、预算成本以及类似项目的实际成本等进行比较，了解成本的变动情况，同时也要分析主要技术经济指标对成本的影响，系统地研究成本变动的原因，检查成本计划的合理性，深入揭示成本变动的规律，让企业的管理者清楚地掌握公司的成本构成、盈利情况和决策的正确方向，成为企业内部决策的关键支持，从根本上改善企业成本状况，从而真正实现有效的成本控制，以便有效地进行成本管理。

影响成本变动的因素主要有两个方面，一个是外部市场的因素，一个是内部企业经营管理的因素。作为企业，应该了解这些因素，但应将成本分析的重点放在影响成本升降的内部因素上。企业通过查找影响成本变化的因素，并采取相应的措施把成本控制在计划范围内，寻求最大限度的成本节约方法。

成本分析的基本方法有：

（1）比较法，通过指标之间的对比，发现计划的完成情况，分析产生差异的原因，提出解决和完善方案。该方法在应用过程中具有简单易行的特征。在该方法的具体使用过程中，根据对比的参照标准不同，又出现了以下几种应用形式：第一种，实际与计划比较。为了检查计划的完成情况，分析实现计划的各个积极因素，将实际指标与计划指标进行比较，对比分析出保证计划完成的各项基本要素。第二种，本期与上期对比。通过本期与上期纵向比较，分析发现本期的各项经济指标与上期有何异同，哪些指标属于有利指标，哪些指标属于不利指标，尤其是对于成本指标的本期与上期的对比分析，有利于找出成本差异以及影响成本差异的因素，可以为节约成本和优化成本管理提供比较可靠的参考。第三种，本单位与本行业其他单位对比。通过这种横向对比，可以

---

① 王勤. 论社会嵌入理论视角下城市社区居家养老 [J]. 普洱学院学报，2019，35（2）：24-25.

发现本行业中的优势单位，进而分析本单位与同行业其他单位之间的差距，从而提出改进意见和方案。

(2) 因素分析法，通过分析不同因素对成本影响的程度从而发现改进的方向。在具体分析过程中，可以采用逐步替代不同因素的方式进行。例如，在其他因素不变的条件下，首先选择某个因素进行替代，以确定该因素对整体成本的影响。具体分析步骤包括：第一步，确定成本分析对象，总体计算出实际与计划之间的差异；第二步，确定该成本分析对象的因素构成，按照影响最后成本差异的重要程度和相互关系排序；第三步，以计划预算数为基础，将每一个要素分别进行替代计算；第四步，以实际数为基础，将每一个要素分别进行替代计算；第五步，将每一次替代计算结果，与上一次计算结果进行对比分析，发现其中的差异，分析该影响因素对成本带来的影响；第六步，各要素替代计算出来的差异之和，应该等于实际与计划总成本之间的差异。该方法通过连续迭代方式，对不同成本影响因素进行替代分析，有利于发现不同要素对成本的不同影响。

(3) 比率法。该方法采用两个或两个以上的指标计算比率，通过比率进行成本分析，通过分析不同指标的比率发现两者之间的关系。在实践中，该方法包括了以下一些具体的应用：第一，相关比率法。该方法首先选择具有相互关联关系的指标，然后对这些指标进行比率计算。比如人工小时工资率指标，是用工资与人工小时进行比率的计算，从而分析每一个人工小时需要支付的工资成本。第二，构成比率法。通过分析成本结构和成本要素，将其与总成本进行比率分析，从而发现某一个成本因素占总成本的比重。第三，动态比率法。为了纵向分析成本的变动趋势，可以将前后几期的成本比率情况进行连续动态分析，从而发现成本的变化方向。

2.2.1.7 利益相关者理论

利益相关者理论源于西方国家的企业管理理念和管理方式的转变，起源于20世纪60年代，在80年代以后从企业管理领域逐步拓展到公共管理等其他领域。它的基本观点是任何企业都有许多利益相关者，比如政府、供应商、客户、员工、股东等。不同的利益相关者的需求不同。股东是企业最大的利益相关者，但是为了保证企业的发展，企业会采用不同的利益分配方式来协调不同利益相关者之间的关系（周鹏，1992）。彭罗斯（Penrose，1959）、安索夫（Ansoff，1965）等人拓展了利益相关者的有关研究。弗里曼（Freeman，1984）、布莱尔（Blair，1995a、1995b；1999）、多纳德逊（Donaldson，1995）、米切尔（Mitchell，1997）等学者完善了利益相关者理论的整体框架（贾生华、陈宏辉，2002a、2002b）。利益相关者理论的发展最早源于对股东中心理论的质疑。股东中心理论的主要内容是“谁是企业的所有者，谁就拥有企业所有权”。但是，某些学者认为利益相关者可以影响一个组织目标的实现，同时也会受到组织的影响，两者相辅相成。利益相关者也应当享有企业的所有权。在居家养老模式中，利益相关者包括了家庭、社区以及作为被服务对象的老年人群体。对养老服务的投入不只是来自政府，还包括了家庭、社区以及老年人自己。因此，居家养老的模式能够充分调动利益相关者的资源，保证老年人能够获得较好的养老服务。唐健和彭钢①运用利益相关者理论对我国农村社会化养老失灵的内在机理进行分析发现，政府、企业、农村老年人、社会组织、农村社区、家庭子女等利益相关者的不同利益诉求和行为导向造成了目前农村社会化养老的现实困境。其研究结论表明：只有对各利益相关者进行明确定位，才能克服其相互冲突和博弈状态。在此基础之上，还要利用协同治理理论使各利益相关者达成利益均衡共识，共同致力于社会化养老的善治之道。

2.2.2 政府购买居家养老服务的相关理论基础

2.2.2.1 政府管理理论

在政府管理研究领域，从对传统公共行政学的研究，发展到对新公共行政学的研究，再发展到对新公共管理理论的研究，经历了三次重大的研究范式的转变。许多学者围绕这三个领域进行了很多的探索，让该领域的研究成果非常丰富。

1. 传统的公共行政学理论

这一时期的理论研究，主要围绕威尔逊、古德诺的政治与行政二分法、马克斯·韦伯的科层制以及泰勒的科学管理理论展开。政府行政管理强调在日益复杂的社会管理中，将效率引入公共管理部门，强调借鉴私营部门的成功管理方法。这种方法以权力集中、分工明确、体系健全为基本特征，强调自上而下的权力运用，满足公民需求的有效性及经济性。但是，传统公共行政学的政治与行政二分法逻辑以及对于效率的过度重视，往往在一定程度上忽略了公民的需求以及价值取向，公平意识尤为不足。因此，传统公共行政理论发展到后期，不仅没有非常有效地解决政府效率问题，反而引起了人民群众对于政府的不满。

2. 新公共行政学的理论模式

在传统公共行政学理论的基础之上，基于对传统公共行政学的批判，发展

---

① 唐健，彭钢. 农村社会化养老善治的路径重构：基于利益相关者理论的分析［J］. 农村经济，2019（8）：136-142.

出来以罗伯特·达尔与西蒙等代表学者的观点为核心的新公共行政学模式。该理论模式重视人性以及政治伦理的研究，以“社会公平”为核心，强调行政管理者应寻求以顾客取向取代体制取向，以权力下放模式取代自上而下的科层管理体系。但是，新公共行政学在本质上并未完全跳出传统公共行政学的思维框架。

3. 新公共管理理论

新公共管理理论产生于西方各国严重的财政赤字、政府管理效率低下甚至政府失灵等背景之下，作为反思性的产物逐步取代公共行政学理论，成为行政体制改革的主要理论依据，对公共管理实践产生了较大的影响。该理论强调自治性权力与统治性权力进行互动，强调政府与社会的协商与合作，主张政府部门引入私营部门的管理经验，强调公共管理满足公民需求方面的有效性与执行力度以及公共服务的质量及最终结果，并以此来对政府服务能力进行评价。该时期的研究成果让公共管理逐步由重视效率转向重视服务质量与顾客满意度。

在新公共管理理论的大背景下，政府未来审计发展方向很大程度上将依赖于政府绩效审计。该理论的出现使得政府绩效审计的问责机制和改进机制得以不断完善，但同时也使其在实际运行中面临了诸多困境。吴晶晶等①以新公共管理理论的观点为指引，首先对政府绩效审计相关理论进行综述，然后对其在现实施行中遇到的难题进行了陈述和分析，最终提出了创新政府绩效审计的改革路径，为国家政府绩效审计的发展注入了新鲜血液。新公共管理理论主张政府应以市场或顾客为导向，提高公共服务的实际有效性，并通常以成本效益分析方法对政府工作绩效进行评估。该理论成功打破了各个学科间的界限，是多学科相关知识和方法交叉融合的产物。

2.2.2.2 公共服务理论

萨缪尔森在20世纪50年代提出了“公共产品”的概念，认为要解决市场失灵带来的经济无效率情况，需要政府提供公共产品和公共服务来调节经济运行，从而提高市场效率。马斯格雷夫引入“公共经济”概念，认为纯公共物品应该由中央级政府提供，而带有混合物品性质的地方公共物品可分别由不同级次的地方政府提供。公共服务思想萌芽于古希腊古罗马时期建立城邦制国家时，思想家柏拉图强调理想国家的目标是“全体公民的最大幸福而非为了一个阶级单独突出的幸福”，透露出国家应为其全体公民谋福祉的基本理念；

① 吴晶晶，赵三星，王梓霏. 新公共管理理论对政府绩效审计的影响［J］. 中国储运，2022（1）：176-177.

16 世纪之后，资本主义萌芽、文艺复兴、宗教改革等社会环境孕育出了大量的公共服务理论思想，如“政府建立与行使的宗旨、理想和目标即为公共事务或公共利益”；二战后民众开始关注公共服务的机制与手段，引入“企业化政府”新公共管理理论，但较少关注公共服务的公平性。

21 世纪初期，出现了新公共服务理论（the New Public Service Theory），它是公共管理理论深入发展的产物。基于对“新公共管理”的反思，美国亚利桑那州立大学的罗伯特 · V. 登哈特和珍妮特 · V. 登哈特在原来的新公共管理理论的基础上，又提出了新公共服务理论的概念①。该理论提出了政府的角色应转变为服务而非掌舵、服务于公民而不是顾客、公共利益是目标而不是副产品等 7 大观点，极力推崇公共服务精神。政府购买养老服务是公共服务领域“政（府）社（会）合作”的一种形式。根据新公共服务理论，政府在社区居家养老服务供给体系中处于主导地位，扮演着不可替代的角色，而厘清政府购买养老服务的基本属性、服务内容、服务对象认定、服务责任规范等基本问题是优化政府购买体系的关键②。

2.2.2.3　公共产品理论

19 世纪 80 年代，欧洲产生了公共产品理论。该理论证明了政府行为与政府经济活动是相互融合的，解释了政府与市场的关系问题。该理论的主要代表人物有萨缪尔森、马斯格雷夫、科斯、潘塔莱奥尼、威克塞尔、林达尔等。阿瑟 · 塞西尔 · 庇古认为社会个体在获得并消费公共物品时会产生正的效用。当公共物品或服务的边际效益等于税收的边际负效益时，公共产品的供给是有效的，从而达到庇古均衡。保罗 · 萨缪尔森提出，当社会边际替代率之和等于边际转换率时，公共产品的供给达到帕累托最优。秦芳菊③认为居家养老服务在地方实践上主要有政府包办、行政运作；政府主办、协同运作；政府协办、专业运作三种模式。基于公共产品理论，模式三能够供给多元的服务类型，满足不同层次的居家养老需要，更能够有效刺激居家养老服务产业的发展，与国家为居家养老服务所设定的目标和要求一致，是当前相对较优的居家养老服务模式。但其并非完美无缺的，仍然有进一步优化的空间，需要从精准定位居家养老的内涵与范围、提高居家养老服务的供给质量、完善居家养老服务管理的体

---

① 陈倩. 新公共服务：服务，而不是掌舵 [J]. 休闲，2019 (5)：174-175.

② 姜碧华，李辉婕. 政府购买城市社区居家养老服务研究综述：基于新公共服务理论 [J]. 人才资源开发，2019 (24)：46-48.

③ 秦芳菊. 居家养老服务的模式选择与优化：以公共产品理论为视角 [J]. 税务与经济，2019 (4)：56-61.

制机制等方面加以改进，以满足广大老年人的居家养老服务需求。

2.2.2.4　治理理论

进入20世纪90年代后，我国的社会组织提供各类社会服务，在进行社会主义现代化建设过程中发挥着重要的作用，成为社会建设的治理主体之一。随着时代的不断发展，理论界也开始反思政府、市场与社会的关系，治理理论也随之发展起来。治理理论认为治理的主体不仅包括政府和其他公共机构，还包括私人部门和社会组织甚至居民等利益相关者，治理中包括的多方利益相关主体，共同参与社会公共事务管理，推动社会的进步与发展。

20世纪90年代初期，美国学者詹姆斯·罗西瑙最先提出了全球治理的概念。随后世界银行、联合国以及各国学者都对全球治理的相关理论进行了广泛的研究，全球治理的相关理论逐步成为全球性治理研究的重要理论①。詹姆斯·罗西瑙认为，全球治理是一种非国家中心的治理状态，与政府统治相比，治理的内涵既包括政府机制，也包括非正式的、非政府的机制②。格里·斯托克③将治理理论概括为五个要点，认为治理涉及一系列社会公共机构和利益相关者。联合国全球治理委员会认为，治理是个人和公共或私人机构管理其公共事务的诸多方式的总和④。著名学者安东尼·麦克格鲁认为全球治理也会涉及制定或不制定维持与管理世界秩序的规则和规范。我国学者俞可平⑤认为上下互动的管理过程也是治理的内容，以确立和认同共同目标等方式实施对公共事务的管理，有利于提高治理绩效。

何保新⑥借鉴协同治理理论的思路，以深圳市罗湖区Y社区为例，提出提升养老服务供给水平的可行之策是以政府为引导，正确发挥政府职能的作用，调动各方力量，优化社区养老各项服务资源，加大人才培训力度和提高福利待遇，完善社会参与制度，健全社区养老服务供给体系，切实满足各类老年人的养老服务需求。

姚昱君⑦从治理理论的角度探讨当前社会组织从政府承接公共服务的现

---

① 谢雪华. 关于全球治理的几个问题［J］. 湖湘论坛，2009（2）：120-124.

② 詹姆斯·N. 罗西瑙. 没有政府的治理［M］. 张胜军，刘小林，等译. 南昌：江西人民出版社，2001：5-10.

③ 格里·斯托克. 作为理论的治理：五个论点［J］. 华夏风，译. 国际社会科学杂志（中文版），1999（1）：19-30.

④ 全球治理委员会. 我们的全球伙伴关系［M］. 香港：牛津大学（香港）出版社，1995.

⑤ 俞可平. 治理和善治：一种新的政治分析框架［J］. 南京社会科学，2001（9）：40-44.

⑥ 何保新. 协同治理理论下罗湖区Y社区养老服务供给问题研究［D］. 西安：西北大学，2021.

⑦ 姚昱君. 政府购买公共服务现状探讨：治理理论的视角［J］. 就业与保障，2021（6）：187-188.

状，指出其发展过程中出现的问题，进而提出通过培育协同治理主体，完善协同治理机制、社会组织加强自身内部建设以及加强制度规范建设来促进政府购买公共服务机制的进一步完善。

2.2.3 政府购买居家养老服务评估的相关理论基础

2.2.3.1 “3E”评估理论

“3E”是指经济（economy）、效率（efficiency）与效果（effectiveness）三个方面，简称“3E”理论，最早由英国学者切克兰教授提出。该理论在许多评估指标的应用与构建中具有非常重要的意义。在将“3E”理论应用于社会评估领域的研究中，代表经济评价的这个“E”是采用尽可能低的成本提供既定服务品质的社会服务①；代表效率评价的这个“E”，在评估指标设计中涉及的效率指标，通常包括项目的执行、服务能力的提供以及服务项目的成本等；代表效果评价的这个“E”，则更加侧重于项目承接单位在完成服务项目的基础之上，还要为社会发展带来帮助，即项目带来的社会价值和社会影响力，以及项目在多大程度上带来了社会的改变等方面。这些方面共同带来的效果，反映了项目运行结果的综合效果。王小会②基于“3E”绩效评价理论，探讨了高校图书馆资源建设绩效评价概念模型，进而解析了《海南省高校图书馆文献资源建设审核评估方案》。该评估方案将软系统方法论（SSM）运用于框架搭建、绩效指标选取、指标内涵界定等环节。方案的实施对海南省高校图书馆资源建设的走向产生了明显的导向与推动作用。梁帅③结合“3E”理论以及校园展会实施的实际情况，针对校园展会成效评估建立了一套指标体系，能够提高校园展会成效评估体系的科学性和合理性，对以后校园展会成效评估研究具有借鉴意义。

2.2.3.2 “APC”评估理论

清华大学邓国胜教授针对我国社会组织发展实际情况，立足我国社会发展环境，提出了“APC”评估理论，即问责（accountability）、绩效（performance）、组织能力（capacity）这种新型的公共组织评估框架④。问责性评估，可以从

---

① 肖田野，吴晓青，罗广宁．绩效审计“3E”理论的研究［J］．商业会计，2011（17）：51-53.

② 王小会．高校文献信息资源建设评价范式研究：以海南省高校图书馆专项评估方案为例［J］．高校图书馆工作，2021，41（5）：38-42.

③ 梁帅，叶欣梁，孙瑞红．基于“3E”理论构建校园展会成效评估指标体系［J］．教育现代化，2018，5（42）：99-100.

④ 邓国胜．非营利组织“APC”评估理论［J］．中国行政管理，2004（10）：33-37.

评估视角出发，在项目执行机构出现公信缺失等问题时，对其行为进行问责，以便保证项目执行机构的健康运行。对项目进行绩效评估可以采用定性与定量相结合的方式。定性方面可以通过观察、访谈等了解项目的实施情况，定量方面可以通过设计或者构建标准化的评估指标，对项目进行打分。在完成定性和定量评估以后，对被评估项目提出相对客观的评价与判断。"APC" 评估理论对我国政府购买社会服务项目的第三方评估也提供了理论支持和依据。孙中瑞和崔丽佳①运用 "APC" 评估理论，从问责制、项目的绩效和实施项目的组织能力三个方面对农村体育设施建设项目进行评估，发现在提升项目效率、可持续性发展以及社会满意度方面具有很强的参考价值。

2.2.3.3 顾客感知服务质量理论

芬兰学者格罗鲁斯（Gronroos，1982），根据认知心理学的基本理论，提出了顾客感知服务质量的相关理论。顾客感知服务质量理论认为，服务质量取决于顾客的期望服务质量与其实际感知的服务质量的对比。格罗鲁斯认为服务质量分为两种：第一种是指服务过程的产出，即顾客通过服务所得到的东西，即所谓的 "技术质量"；第二种是指顾客如何得到这种服务，提出作为过程的服务和作为结果的服务，同时也指出了一些影响服务质量形成的营销因素，即所谓的 "功能质量"②。Parasurama、Zeithamal 和 Bery 认为服务质量是顾客的预期与实际感知相比较的结果，提出了服务质量差距模型并开发出 SERVQUAL 测量工具，该工具目前是该领域较为系统化的测量工具。

克罗宁和泰勒③修正了 SERVQUAL 模型，提出了 SERVPERF 模型，可以直接对顾客实际服务质量感知度进行测量，而不用单独测量顾客期望服务质量。SERVPERF 模型在操作和实证分析的过程中更为简单，该模型在信度和效度方面都优于前者。江超④通过实证研究发现，感知服务质量的可靠性、响应性、移情性、有形性四个维度对顾客忠诚和顾客承诺都具有显著的正向影响，而保证性这一质量属性仅对其他质量属性存在直接影响，不会形成顾客承诺和

---

① 孙中瑞，崔丽佳. 基于 APC 理论的农村体育设施建设项目评估 [J]. 经济研究导刊，2010（17）：35-36.

② 克里斯廷·格罗鲁斯. 服务管理与营销：服务竞争中的顾客管理：原书 3 版 [M]. 韦福祥，译. 北京：电子工业出版社，2008.

③ CRONIN J J, TAYLOR S A. SERVPERF versus SERVQUAL: reconciling performance-based and perception-minus-expectations measurement of service quality [J]. Journal of Marketing, 1992 (58): 15-131.

④ 江超. 滴滴出行感知服务质量与顾客忠诚关系研究 [D]. 武汉：中南财经政法大学，2019.

顾客忠诚。同时顾客的情感性承诺、持续性承诺分别在感知服务质量对顾客忠诚形成的影响中发挥了一定的中介作用。此外，研究发现，感知服务质量有形性和移情性隶属于魅力质量的范畴，而保证性隶属于基本质量，可靠性和响应性被划归到一元质量中。

2.3 文献综述

20世纪70年代，很多西方国家采纳了福利多元主义理论，为了提高效率，政府开始向社会力量购买各种类型的公共服务，政府购买居家养老服务就是其中的一种类型。随着政府购买居家养老服务的实践不断丰富，许多国内外学者围绕政府购买居家养老服务展开了各种研究，获得了丰硕的成果。本节将对成本效益评估、政府购买居家养老服务、政府购买居家养老服务评估以及评估指标赋权方法等研究内容进行文献综述。

2.3.1 国外人口老龄化进程中养老模式发展的研究综述

人口老龄化在经济发达的西方国家是人口结构转变的自然形态，所以这些国家的人口老龄化过程是循序渐进的、缓慢的。在一些人口老龄化程度比较高的西方国家，这一特点表现得更为明显。长时间的、缓慢的人口转变使这些国家拥有充分的时间和机会去优化产业结构以及调整社会结构，使其适应人口老龄化的发展，从而使人口老龄化带来的社会问题得到逐步解决并且不明显影响社会的发展。这种自然的人口老龄化过程也使学术界有充分时间对居家养老进行更加深入的研究，主要包括以下几个方面：

第一，老人非正式照顾系统照顾能力的弱化。非正式照顾系统是解决老人日常生活照顾问题的一种自然机制。该系统由家庭、朋友和邻居组成（Angel，1997；Canlor、Little，1985；Dobelstein、Johnson，1985；Moroney，1998）。在非正式照顾系统内部，家庭成员扮演着重要的角色。Angel（1997）指出，虽然朋友和邻居能够在购物、交通等方面提供相当多的帮助，但由于他们同样拥有自己的家庭，所以他们并不一定能够在其他方面为老人提供更多的服务。Johnson、Catalano（1983）指出，虽然朋友和邻居的帮助对于身体健康的老人来说是重要的，但事实上他们很少照顾身体孱弱的老人。

第二，老人正式照顾系统的形成与演变。随着老年人非正式照顾系统（尤其是家庭照顾系统）能力的弱化，正式照顾系统应运而生，开始为有需要的老人提供服务。机构照顾是早期的正式照顾模式，主要供没有家庭照顾的老人或者无法得到家人照顾的老人入住。但是有些学者认为机构照顾容易造成一些社会问题，比如社会疏离（Wong，1992）；另外有学者认为机构照顾将给政府造成沉重的财政负担（Chow，1993）。随着生活水平的不断提高，越来越多的老人愿意留在自己的家里养老（OECD，1996）。社区也会随着家庭养老老人数量的增加，逐步取代机构照顾老人的主导地位。很多社区为了给居住在家里的老人提供更加优质的养老服务，会安排更多的具有养老服务经验的专业人员进入社区（Victor，1994）。到了20世纪70年代以后，社区照顾逐步转变为由社区安排专门的工作人员或者志愿者来提供社区养老服务（Chow，1993）。

第三，家庭照顾逐步成为社区照顾的主要方向。随着时代的发展，机构照顾暴露出了许多弊端，家庭照顾的模式逐步成为主流。家庭照顾是社区照顾的重要方向。所以要想发展社区照顾，一方面要大力发展支持性社区服务，另一方面还要实现社区服务方向的调整。这要求把老人的家庭看成一个整体，通过向该家庭提供全方位的服务来维持家庭的照顾能力，通过这种方式满足老人日常生活照顾需求（Stone，1991；Dooghe，1992；Topinkova，1994）。

2.3.1.1 美国

在养老保险制度中，美国对老年人的社会保险也称养老金制度（OAI）[①]，是美国社会保障支柱的核心，由个人和雇主各缴纳一部分养老金保障工薪税，在退休后领取养老金。美国是三支柱保障模式，逐渐形成了较为完善的现收现付与基金积累的混合模式[②]，有共同分担养老保险责任的多层次性特征，在保证有质量的养老服务外也有助于调节收入差距，体现了养老保险的互济性、公平性和效率性。在农村养老体系层面，美国的农村农户养老金制度采取的是缴费和非缴费结合的养老金模式，有强制性和全民性的特点，农村居民均被养老保险体系覆盖[③]。

美国的居家养老模式的运行机制是医疗照顾辅助社区服务。美国的居家养老主要依托其医疗保险制度，以医疗保险支撑居家养老。美国医疗保险体系主要包括 Medicare 和 Medicaid 两部分。Medicare 是面向年满 65 岁及以上老人或

---

① 俞玲玲. 社会养老保险制度的发展策略：国外养老保险模式给我国的启示［J］. 甘肃农业，2006（7）：24.

② 刘亚男，张凯，潘红宇. 国外农村养老保险模式探究［J］. 中国人事科学，2020（3）：91-95.

③ 蔡少伦. 国外农村养老保险模式比较及对我国的启示［J］. 价格理论与实践，2021（4）：75-78.

未满 65 岁的残疾、失能等特殊群体的全国统一医保制度。Medicaid 是联邦政府主办、州政府管理，覆盖 65 岁及以上残疾人、有幼儿的家庭以及收入在贫困线以下老年人的医疗服务救助制度①，其主要内容是 PACE 项目形成全方位的照顾计划，为老年人提供所有的医疗相关服务，以及预防性、恢复性、治愈性和护理性服务。其费用源于医疗保险和医疗救助每个月给符合条件的老人支付的救助资金②。在居家养老的政策方面，美国政府在居家养老政策实施中处于辅助地位，鼓励市场及个人自主解决养老问题，通过资格审查来发放福利，为提供社区服务的非营利性养老机构提供优惠政策。在服务设施方面，城市规划对老人医疗、精神慰藉、可支付独立住宅等有规定，保证老人居住的舒适程度③。

美国也采取了多种多样的具体养老模式。第一种为“时间银行”居家互助养老模式。20 世纪 80 年代，美国学者埃德加·卡恩提出“时间银行”概念，即个体完全平等、所付出的劳动价值在相同时间内均等，以养老服务提供者所付出的时间作为一种时间货币储存进时间银行。当服务提供者需要被服务时，可按照其储存的时间进行服务支取④。美国的老年志愿者服务银行，主要由低龄老年志愿者为高龄老人提供服务，每次服务时间不超过 6 小时。服务结束后，可以在时间银行储存相应的时间积分。大多数时间银行都使用卡恩设计的时间银行系统，通过电脑把每个人的服务或接受服务的时间记录下来⑤。美国的“时间银行”互助养老模式以医疗照护为主要业务核心和特色，目的是为社区中的一些弱势群体以及贫困的老年群体减轻医疗负担。为老人服务的志愿者必须参加包含老年人生理心理知识在内的培训才能进行服务以保证服务的专业性⑥。

第二种是教育养老模式。教育养老在美国也很常见。美国教育养老机构都是非营利性教育机构，经费来源有政府补助、财团投资、学员自付等多种形式，带有经济及教育双重属性，参与对象也从老年人向更多年龄段的人群扩

---

① 邓大松，王凯. 国外居家养老模式比较及对中国的启示［J］. 河北师范大学学报（哲学社会科学版），2015，38（2）：134-139.

② 郭竞成. 国外居家养老模式比较［J］. 中国民政，2015（15）：58-59.

③ 赵立志，等. 国外居家养老模式的经验与启示［J］. 劳动保障世界，2020（9）：30-32.

④ 何茜. 国外互助养老模式对我国农村地区养老的借鉴与启示［J］. 农业经济，2018（6）：74-75.

⑤ 丁艳琳. 国外互助养老模式对我国养老困境的启发［J］. 经济研究导刊，2018（28）：42-43.

⑥ 陈功，王笑寒. 我国“时间银行”互助养老模式运行中的问题及对策研究［J］. 理论学刊，2020（6）：132-140.

散，课程灵活，根据开展活动的主题有侧重性地设置课程①。美国常以社区大学为基础开展老年人教育，学习形式大多为社区办学与学员自我管理相结合，经费大多来自地方政府财政拨款、个人捐款，少量来自学员缴费，课程设置倾向于生活技能与休闲娱乐，比如美国的老年人中心可以为社区老人提供营养学、绘画、舞蹈等课程教学。美国还建立了非正规的社区学院以及非正式教育机构，开展不同的教育养老活动，满足老年人多元的学习需求。美国教育养老呈现出以下发展趋势：一是教育养老内容与形式不断充实与多样化，综合型的老年教育模式，比如学习与休闲结合、教育与养老结合等方式被迅速推广；二是社会弱势老年群体会被重点关注，尤其是老年妇女等劳动者②。

第三种是"老幼结合"模式。早在20世纪80年代，基于代际融合理念和代际学习理论，美国就率先提出了"养老院+幼儿园"的"老幼结合"模式，其后逐渐发展为"代际学习中心"模式，以教育学习类型为主，学习方式首先为老幼"一对一"的探访环节，其次为老幼"面对面"的自发活动，最后为公益者"一对多"的公益活动③。

第四种是机构养老模式。美国人年满18岁之后都会与父母分开生活，所以在养老方面，美国人和中国人有很大的区别。美国人年满18岁之后基本实现生活自理，和父母没有什么经济上的联系，所以美国人不承担赡养老人的责任，他们需要负责的是赡养年老的自己。因此，机构养老非常常见。美国的养老机构被划分为三个类别，第一类是中等程度护理机构。其针对的客户群主要是年龄达到65岁及以上，已经丧失了一些自理能力，但是又没有患有非常严重的疾病的老年人。这些老年人并不需要非常专业的护理，仅仅需要一定的生活上的帮助和服务。第二类是协助生活机构。协助生活机构相对于中等程度的护理机构来说，更为专业，针对的人群更为缺乏自理能力。其主要服务对象是身体具有一定程度残疾的老人，机构提供的任何服务都以尊重老年人自己的生存尊严和意愿为前提，老人的生活氛围也是极为富有尊严和自由的。这也是美国养老机构最为突出的特点之一。第三类是专业护理机构。该类机构的设立审查严格，从而保证了该类机构的专业性和安全性，能使机构内的失能人群得到专业的照护，让老年人安心地在机构中安度晚年④。以上三类机构是美国养老

① 贾敏. 国外教育养老模式发展研究及启示 [J]. 世界教育信息, 2017, 30 (19): 29-35.

② 董绪瑶, 刘欢. 国外教育养老主要模式与特点剖析 [J]. 中国成人教育, 2018 (21): 120-122.

③ 吴蕾, 沈勤. 国外老幼结合养老模式及其对中国的启示 [J]. 调研世界, 2021 (3): 75-80.

④ 孟珈磊, 杜海玲. 借鉴国外养老模式发展辽宁省养老产业: 以美国、日本养老模式为例 [J]. 商业经济, 2018 (2): 39-41, 79.

院的主要类别，其针对的人群不同，老人可以根据自己的需求选择适当的养老机构。

第五种是医养结合模式。医养结合是指将养老资源与医疗资源相结合，从而实现社会资源利用的最大化。美国医养结合养老模式主要包括三类服务项目①：第一类为老龄人全包服务项目（PACE）。PACE 针对 55 岁及以上有护理需求但需要生活在社区的低收入群体，为其提供包括日常照料性服务、医疗性服务等在内的一系列社会服务，目的是通过这种社区照料与医疗护理相结合的模式，提高需求护理者的生活质量，使其长期生活在社区或家庭也能满足其养老需求。第二类是养老居所服务项目。此项目主要服务于收入低、生活不能自理的老年人，为其提供日常基本生活服务与其他支持性服务②。第三类是家庭与社区服务（HCBS）。它主要服务于居家养老的老年人，为其提供生活与医疗照护服务。与 PACE 相比较，HCBS 更适合相对年轻、健康的老年人，而 PACE 适合失能程度较为严重的老人。美国医养结合养老模式的特色是依照各州自身情况建立不同的养老计划并且将长期护理政策贯彻始终。各州政府充分尊重老年人的身心需求，不断扩大居家社区养老模式的发展，以此来满足更多老年人的需求，同时对护理人员的专业性要求也较高③。

第六种是智慧养老模式。美国的智慧养老产业发展迅速，采用了市场化模式。互联网的普及与科技企业的发展为智慧养老模式的推广提供了便利和条件，当智能家居、生活辅助设备及应用程序等智慧养老产品逐渐涌现时，美国养老产品和服务市场实现重塑并进一步完善，智慧养老市场化进程不断加快，促使美国智慧养老产业快速成长④。

2.3.1.2 德国

德国的农村养老保险制度中，采取“援助资助者”模式，强调农村养老保险中的个体责任，政府和社会力量仅作为补充⑤。德国作为社会保障的早期建立者，其农村社会保障制度经过了漫长的发展，时至今日已然成为农村养老保险制度的典范和样本⑥。

---

① 刁开冉，郝志梅. 国外医养结合养老模式对我国的启示 [J]. 管理观察，2018（31）：94-95.

② 杨庭树. 我国医养结合现状与思考 [J]. 中华保健医学杂志，2017，19（1）：1-4.

③ 包世荣. 国外医养结合养老模式及其对中国的启示 [J]. 哈尔滨工业大学学报（社会科学版），2018，20（2）：58-63.

④ 赵宁，张健. 国外智慧养老发展模式的经验与启示 [J]. 社会科学动态，2020（8）：67-71.

⑤ 刘亚男，张凯，潘红宇. 国外农村养老保险模式探究 [J]. 中国人事科学，2020（3）：91-95.

⑥ 鲁全. 德国：劳资自治的社会养老保险 [J]. 公民与法治，2011（10）：48-49.

德国作为欧洲人口老龄化程度最高的国家，其互助养老模式发展逐渐成熟，大致分为以下三种模式[①]：①社区居家互助养老模式。与许多国家情况类似，德国老人大多独居但又不愿离开家庭，也无法完全自行解决生活问题。因此，德国政府开始推广社区居家互助养老模式，即在同一社区内，由年龄稍小、自理能力较强的老人去照顾年龄较大、自理能力较差的老人，形成老人之间的互助模式。这种模式基本为自愿行为，在社区内容易操作也容易形成良性循环。②“多代居”互助养老模式。这种互助养老模式打破了传统的血缘关系，将有需要的家庭结合在一起。较为常见的为独居老人与单亲家庭组成互助关系，有别于传统意义上的邻里关系。如单亲家庭与独居老人进行互助，老人可以帮助单亲家长适当照看孩子，单亲家长则可以提供老人养老方面需求，年轻人教老人使用智能设备，还有专业人员提供服务，老人日常生活和孩子都有人照顾，这恰恰是传统多代同堂家庭所具有的功能[②]。③老人与青年人互助模式。德国许多大学生等青年人无法在住房紧张或租房费用高昂的情况下租到合适的公寓，相关公益部门据此提出，让独居老人提供免费住处以得到青年人的养老帮助，形成老人与青年群体之间的互助模式。这不仅解决了青年人的住房问题，也解决了独居老人的养老难题[③]。

在欧盟积极老龄化指标中，对老年教育的评价大体包括两个方面：一是将教育本身作为积极老龄化的重要内容或具体要素，其中包含了终身学习、教育成就等；二是在其他领域发挥重要作用，如就业率、信息通信技术（ICT）使用、心理幸福感、健康与寿命、积极老龄化能力等[④]。其教育养老呈现出以下发展趋势：一是教育养老内容与形式会进一步充实与多样化，综合型的老年教育模式，比如学习与休闲结合、教育与养老结合等被迅速推广；二是社会弱势老年群体将会被重点关注，尤其是老年妇女等劳动者；三是老年大学将更加广泛地向社会开放，放宽学员准入条件，允许提前退休人员、家庭主妇以及残疾群体进入；四是代际教育将广泛推行，加强隔代人之间的互动与交流；五是信息与通信技术、人工智能等将更多地被应用于教育养老领域，拓宽老年人学习的时间与空间。

---

① 何茜．国外互助养老模式对我国农村地区养老的借鉴与启示［J］．农业经济，2018（6）：74-75.

② 丁艳琳．国外互助养老模式对我国养老困境的启发［J］．经济研究导刊，2018（28）：42-43.

③ 陈功，王笑寒．我国“时间银行”互助养老模式运行中的问题及对策研究［J］．理论学刊，2020（6）：132-140.

④ 贾敏．国外教育养老模式发展研究及启示［J］．世界教育信息，2017，30（19）：29-35.

德国的养老服务经过长期的发展，形成了以政府为主导、公共福利服务及市场服务为补充的多元化的养老体系。德国的老年护理方式首选家庭护理，护理经费由长期护理保险筹集和支付，服务内容主要有基础护理服务、家政服务、陪伴服务、暂（喘）息服务、医疗器械提供、房屋改造等。其中，凡从事家庭护理的人员，必须是老年护理培训学校毕业并具有“老年护士证书”的护士，或为护士学校毕业并具有护士执业资格的护士，要求具有慎独精神①。德国还有“储蓄时间”的义工项目制度，年轻人的参与和服务，既活跃了社区的气氛，加强了老年人、年轻人的相互信任，又缓解了服务人员紧缺问题，还形成了良性的社会风气②。

德国的医养结合养老以社会养老模式为主。德国目前实施的是以国家医保为主、私人医保为辅的医保政策。2013 年，德国有人口 8 184 万，其中 60 岁及以上老人有 2 178 万，占 26.6%。预计到 2030 年，60 岁及以上老人将达到 2 850 万。德国需护理的老人约 230 万，其中 150 万以居家养老为主，还有 80 万选择机构养老。德国共有 1.24 万家养老机构（养老院），其中 54%为慈善组织所办，40%为私人养老院，其余为公立养老院③。

为了应对严重的人口老龄化问题，德国通过打造可扩展的智能技术平台，将各种智能服务连接到这个平台上，完善环境辅助生活系统，加强智能设备的使用，实现老人居家、机构养老的智慧化服务。德国智慧养老产业的发展不仅减轻了机构养老的成本，而且更加方便了机构养老和居家养老的老年人的生活④。

2.3.1.3　日本

日本空巢老人现象较为严重，但许多老人不愿意离开居住地去养老院养老，社区邻里之间的互助养老在一定程度上解决了这个问题。除了志愿者服务、上门服务以外，老龄事业部门与公共服务部门之间加强沟通，如报纸、牛奶、快递等派送员发现老人异常情况需要立即报告指定部门，防止独居老人发生意外时处理不及时造成死亡等严重情况⑤。在日本的“时间银行”养老模式

① 许泽宁，毕玥. 借鉴国外模式探讨我国社区居家养老建设［J］. 内蒙古民族大学学报，2012，18（3）：73-74.

② 王彩星，马淑丽，赵利杰. 借鉴国外模式发展中国社区养老［J］. 中国老年学杂志，2018，38（12）：3064-3066.

③ 包世荣. 国外医养结合养老模式及其对中国的启示［J］. 哈尔滨工业大学学报（社会科学版），2018，20（2）：58-63.

④ 赵宁，张健. 国外智慧养老发展模式的经验与启示［J］. 社会科学动态，2020（8）：67-71.

⑤ 何茜. 国外互助养老模式对我国农村地区养老的借鉴与启示［J］. 农业经济，2018（6）：74-75.

中，有专门的管理人员机制，并采用一级对应一级方式进行管理。具体来说，日本"时间银行"机制下的互助养老模式中存在三类主体，分别是管理员、专职工作人员以及照护员。同时，日本在"时间银行"机制中引入市场竞争机制，通过科学的市场竞争机制来对相关人员进行培训。在日本，照护人员通过服务他人获得相应的积分回报，该积分不仅可以供照护人员自己使用，还可以供其父母、配偶以及未成年子女使用①。

自治自助型教育养老模式一般是由老年人自主发起、自行组织的老年教育活动②。该教育模式的典型代表有日本的北广岛学习园。日本的北广岛学习园是由民间团体投资、老年人自主经营的老年教育机构，老年人能够亲自参与学习活动的安排与布置，极大地提高了老年人学习活动成效，满足了老年人多样化需求，也缓解了政府的经济压力③。此外，还有日本的仙台老年人网站俱乐部，为老年人提供电脑与网络教学，任教者同样是老年人，并基于他们对同龄人生活习惯的了解有针对性地开展教学④。

日本的"老幼复合型"养老模式是由日托型社区养老模式转变而来的，它以社区为主体开设养老机构，其创新点在于将社区范围内的老年人以及婴幼儿协同参与到老幼复合型机构中，为老幼双方提供日常的生活照料以及专业护工、幼师的教导⑤。这种复合型模式在形式上趋于多样化发展，形成了三种类型：①合办型，即以幼儿园、托儿所与老年人的日托服务或居住型的养老院合办为"老幼看护中心"；②改造型，即将中小学里的高档教室改建为老年日托所形式的养老机构；③附属型，即将空置已久的学校教育体系下的体育馆、图书馆等公共场所与老年服务中心相结合。以上三种"老幼复合型"模式都将代际资源融合起来，构建起适合老幼共处的空间环境，并以发展老年教育以及代际学习为宗旨，不仅关注老年人的养老服务水平，而且重视老幼互动对老年人精神层面上的满足程度⑥。

日本的社区养老服务业经过不断发展和完善，基本形成了较为完善的法律

---

① 陈功，王笑寒. 我国"时间银行"互助养老模式运行中的问题及对策研究 [J]. 理论学刊，2020 (6)：132-140.

② 董绪瑶，刘欢. 国外教育养老主要模式与特点剖析 [J]. 中国成人教育，2018 (21)：120-122.

③ 赵如钦. 美、日两国老年教育对我国老年教育发展的启示 [J]. 中国成人教育，2018 (5)：124-127.

④ 张波. 基于国外教育信息化经验的远程教育服务型老年教育的构建研究 [J]. 中国成人教育，2017 (3)：115-118.

⑤ 司马蕾. 老幼复合型社区养老机构的构想与实践：日本的经验与启示 [J]. 城市建筑，2015 (1)：18-20.

⑥ 吴蕾，沈勤. 国外老幼结合养老模式及其对中国的启示 [J]. 调研世界，2021 (3)：75-80.

和政策体系，具有多样化的组织形式以及丰富的服务内容。日本的养老服务具备完善的法律和政策体系，有关社区养老的法律与政策主要有《老人福利法》《高龄老人保健福利推进10年战略计划》《社会福利服务基础结构改革法》等，构成了日本社区养老服务的政策支持和立法保障系统①。日本社区养老组织形式可归为以下四种情况：一是以政府力量为主，服务人员由政府人员与民政人员组成②。二是政府资助下的民间组织，如社会福利协会、社会福利商社、社会福利法人等。三是志愿者，免费或收取低廉费用，主要从事陪伴、聊天、送饭和一些轻体力服务。四是企业式养老服务。这种方式源于美国，通过企业以保险方式获取资金，以低收费服务老人。日本的社区养老服务内容丰富，包括上门服务、日托服务、短托服务、长期服务和老年保健咨询和指导服务，以充分满足老年人的各种需求③。

日本养老产业发展极为迅速，也更为成熟和标准化，已成为世界养老产业发展的领先者。目前日本的养老模式主要分为养老机构养老和居家养老两大类。日本养老院发展也很迅速和专业，根据各自的特点被划分成了很多类型，有福利性养老机构、低收费养老机构、收费养老机构以及具备各种类型便利设施和娱乐场所的老年住宅④。

日本医养结合养老模式按照需求分类，主要有日间照料中心、老年公寓、养老院及老年福利中心⑤。日间照料中心针对居家养老的老年人，为其提供日间照料，老年人可以返回家中过夜。老年公寓一般提供给身体较为健康的老年人。养老院又称“特别养护之家”，该机构主要供一些需要特殊护理的老人入住。老年福利中心主要为老年人提供一些健康体检及保健服务⑥。日本医养结合养老模式的特色充分体现在养老机构的设置及运行上。养老机构设置采用的是以政府为主导力量，社会、市场竞争机制多方参与的运行机制。在运行上，大部分养老机构与其周边医院建立了长期的合作关系以保障身患疾病的老年人

① 王媛媛. 国外社区养老服务的发展模式及对我国的启示 [J]. 改革与开放，2012 (16)：83.

② 许泽宁，毕玥. 借鉴国外模式探讨我国社区居家养老建设 [J]. 内蒙古民族大学学报，2012，18 (3)：73-74.

③ 熊亮，罗杰，陈岳堂. 我国失独群体“社区+”精准扶助模式构建研究：基于国外社区养老服务实践的启示 [J]. 湘潭大学学报（哲学社会科学版），2021，45 (4)：85-91.

④ 孟珈磊，杜海玲. 借鉴国外养老模式发展辽宁省养老产业：以美国、日本养老模式为例 [J]. 商业经济，2018 (2)：39-41，79.

⑤ 习开冉，郝志梅. 国外医养结合养老模式对我国的启示 [J]. 管理观察，2018 (31)：94-95.

⑥ 包世荣. 国外医养结合养老模式及其对中国的启示 [J]. 哈尔滨工业大学学报（社会科学版），2018，20 (2)：58-63.

的需要①。养老机构中的医护人员可以对日常疾病进行诊治。养老机构的护理人员均是通过国家统一考试获得“介护士”资格的人员，具有一定的专业技术和护理能力，他们可为有需要的老年人提供高水平的日常服务及专业性的医疗护理服务②。

日本的智慧养老模式注重制度建设与科技支撑。在高龄化和少子化的双重压力下，日本的养老科技发展较早，许多辅助养老的高科技产品与技术已经比较成熟，能够为日本发展智慧养老发挥重要的支撑作用。与发展养老科技相比，建立完善的养老及智慧养老制度体系，健全的制度设计和先进的技术是日本发展智慧养老的优势。在完善的制度和健全的法律体系下，日本的各项养老服务技术标准和规范更容易制定和实施，智慧养老能够更加健康地发展③。

2.3.2 国内居家养老模式的研究综述

居家养老服务作为一种公共服务，具有需求多样性和福利性的特点。居家养老服务质量的高低，直接决定着是否有利于提高老人生活质量和身心健康程度。为了更好地评估居家养老服务质量，有必要对居家养老服务的模式进行研究。这不仅关系到居家养老服务体系的完善和发展，更是与我国老年群体的切身利益相关。对居家养老服务模式的研究，既包括对居家养老服务内容的研究，也包括对政府购买居家养老服务流程的研究。当前我国学者针对居家养老服务所采用的研究方法，包括文献研究法、问卷调查法、访谈法以及统计分析和数学建模法，其总体研究思路可以概括为：根据文献等设计评估模型及调查问卷→获取基础数据→运用模型分析数据→调整模型→分析总结、得出结论。

2.3.2.1 对于传统养老模式的相关研究

学者们从养老供给不同角度出发，通过不同的维度，划分了不同的养老模式概念。在养老模式研究中，“家庭养老”“居家养老”“机构养老”“社会养老”“社区养老”等概念最为常见。然而养老模式的概念并不明晰，在很多文献中，“家庭养老”和“居家养老”是一个概念。总结我国学者对养老模式的观点，常见的主要养老模式概念划分依据及划分结果如表 2.1 所示。

---

① 高爽，杨陆，彭涛．国外医养结合养老模式研究进展［J］．护理学杂志，2021，36（3）：17-20.

② 郝志梅，等．浅谈国外医养结合养老模式［J］．中国卫生人才，2019（9）：24-25.

③ 赵宁，张健．国外智慧养老发展模式的经验与启示［J］．社会科学动态，2020（8）：67-71.

表 2.1 养老模式研究的代表性学者、划分依据及类别

代表性学者	划分依据	养老模式类别
宋健	按照社会为老龄人口提供的各项政策和保障（养老体系）划分	家庭养老、社会养老、政府和机构养老、集中和分散养老、土地养老、以房养老等
成海军 秦桂娟	按照供养来源、日常照料以及心理抚慰划分	家庭养老、社会养老、机构养老
杨宗传	按照供养来源以及供养场所划分	居家养老、社会机构养老
袁彦鹏	按照为老年人养老活动提供总体性统筹规划的主体划分	单位统筹型养老、社区统筹型养老
张民省	按照提供服务和直接照料的社区职责及承担方式划分	家庭养老、机构养老、社区服务以及社区照顾
高和荣	按照养老资金来源以及养老服务地点划分	家庭养老、社会养老

国内学者普遍认为，我国养老模式主要分为：家庭（居家）养老、社区养老、机构养老。其主要划分依据是养老地点、养老主体及养老责任人等（李洪心、李巍，2012）。除常见的三大类分类方式以外，众多学者在原有分类方式的基础上，对家庭、社会以及机构这三个养老供给主体进行细化，提出了新的养老模式划分方式。从家庭和社会对老年人所能提供的各项生活保障出发，按照供养来源以及供养场所的不同，可以将养老模式分为老年人居家养老以及社会机构养老这两种模式（宋健，2001）。从养老管理和服务的角度出发，按照为老年人养老活动提供总体性统筹规划的主体进行划分，可以将中国的城市养老模式划分为单位统筹型养老以及社区统筹型养老两个类别（袁彦鹏，2006）。为了突出社区在养老事业上所能发挥的重要作用，按照提供服务和直接照料这两类社区职责的承担方式，对旧有的社会养老模式进行深化，可以将中国的养老模式分为家庭、机构、社区服务以及社区照顾这四个大类（张民省，2008）。

在上述拓展性划分模式之中，学者们非常重视养老过程中养老资金来源以及养老服务地点这两个因素对于中国养老模式的选择所发生的巨大影响。按照服务位置和经济来源划分，可以将养老模式分为家庭养老和社会养老两类：前者可以进一步细分为一般意义上的家庭养老以及服务提供位置很明确的居家养老；后者则可以按照服务提供组织的不同，细分为机构养老和社会养老两类（董沛 等，2008）。

2.3.2.2　科技、互联网背景下的新型养老模式相关研究

2019年底，国家卫健委等12部门联合颁布《关于深入推进医养结合发展的若干意见》（国卫老龄发〔2019〕60号），明确指出要深入推进医养结合发展以满足老年人健康养老服务需求。医养结合养老模式已经成为社会发展的热点问题①。

医养结合模式是医疗卫生和养老服务相融合的新型养老模式，即把基本生活照料、康复护理、精神慰藉和紧急救助合为一体的新型复合型养老服务模式。现阶段的医养结合养老模式主要有三种：在医疗机构增设养老服务项目或在养老机构增设医疗服务资源、医养结合进入社区和家庭、医疗机构与养老机构合作。目前，我国医养结合养老模式的发展尚处于试点阶段，没有形成统一的运作机制，在资质获取、准入程序和条件、人员准入标准等方面尚无统一的规范。

"互联网+"养老服务是将互联网与传统的养老模式相结合形成的一种全新养老模式②。它通过建立智能化居家养老服务、智慧医养结合管理服务等平台，使用智能化老年护理、远程监控、智能终端等系统，整合护理养老服务、养老护理培训、养老周边产业及多媒体互动等多种形式于一体，从而通过各类智能测感器，让老年人的日常活动、健康状况等均处于与外界保持联系的远程监控状态，为老年人健康养老提供智能化照护服务。

目前我国的"互联网+"养老服务正处于试水阶段。2015年，广东省家庭医生协会推出"U护"App服务平台，开始推出护士上门护理服务。随后"U护"App正式诞生，主要提供居家养老、母婴护理、康复护理、心理疏导、慢性病管理、临终关怀、陪诊、营养指导、上门打针、伤口换药、卧床护理保健、健康管理等专业护理服务。但此时的照护服务管理模式尚未成熟，如何确保上门护士的专业服务水平、上门护士的人身安全，成为推进"互联网+"养老模式亟待解决的问题。上海长宁第三福利院尝试使用现代化人工智能养老服务护理系统，采用让老年人佩戴GPS（全球定位系统）呼叫器方式来快速掌控在院老年人情况，提高了资源配置效率。但该种手段由于设备成本、人员管理成本均较高，只能在养老院内实施，难以在社会上广泛铺开。重庆驿站社区，建立了系统的居家养老+智慧医疗方案，老年人使用智能穿戴设备，并给

---

① 中华人民共和国国家卫生健康委员会老龄健康司. 关于深入推进医养结合发展的若干意见[EB/OL]. http://www.gov.cn/xinwen/2019-10/26/content_5445271.htm.

② 徐兰，李亮. 互联网+智慧养老：基于O2O理念下的社区居家养老服务模式[J]. 中国老年学杂志，2021，41（12）：7.

予饮食、起居、行动方面的指导。成都市利用“一卡通”联通网络，进行了积极的探索和实践。杭州市采取家庭型医养护一体化服务方式，确保居家老年人的健康养老服务需求，但该项目对医疗卫生公共设施提出了较高要求，仍旧难以广泛覆盖。以上各市的“互联网+”养老模式的尝试，均基于现代信息技术的发展，把企业、社会组织组合在一起，推动居家养老与信息技术的融合，探索科技创新所可能带来的新型社会养老模式。

社区居家养老服务是我国在2006年提出的养老模式，是指老年人平时居住在家中，并可以享受由社区提供的生活照料、医疗护理、精神慰藉和紧急救助等集“看、养、护、医”于一体的养老模式。它是以家庭为基础、以社区为依托、以养老专业化服务机构为载体的综合性社会化养老服务。

社区居家养老O2O（线上+线下）参与模式，是贯穿老年人进入老年阶段后的整个生命周期的养老模式。考虑到居家养老给老年人带来的安全感和尊严感更强，在O2O模式下的新型智慧社区居家养老模式拟建立以家庭为基础、以社区为辅助、以外部市场化医护资源为有效补充的立体养护机制。O2O养老平台分为线上居家养老服务与线下居家养老服务两类。其中线上服务内容包括老年人健康信息搜集整理与分析及日常的健康数据监测。通过O2O平台线上可视化移动终端，可以检测老年人的血糖血脂水平，并将数据及时上传到O2O平台，使系统能够及时掌握老年人的相关健康数据。除此以外，线上还将提供老年人比较关注的有针对性的养老健康理念宣传等。在O2O平台建设初级阶段，它可以给基本能自理的健康老年人的日常生活提供全方位的生活保障。

2.3.2.3 关于居家养老服务模式的相关研究

章晓懿（2012）以顾客感知服务理论等为基础，构建了社区居家养老服务质量理论模型，对社区居家养老服务产品的无形性、差异性、不可分离性、不可储存性这几个特征进行了分析与阐述。为了构建社区居家养老服务质量理论模型，她从社区居家养老服务的各种特点出发，根据老年群体的基本生存和生活需求，将老年人的生活照料、医疗护理和精神慰藉三个方面纳入质量分析体系，形成了五个基于此评估方法的居家养老服务质量维度，即可靠性、保证性、响应性、可感知性和移情性。她据此建立起了社区居家养老服务质量理论模型。在随后的对于居家养老服务质量的实证研究中，她通过对结果的分析发现：不同类别的服务质量、不同维度的服务质量存在着明显的差异。根据研究结果，康乐服务目前仍处在较为落后的状态，相较于评价靠前的助洁、助餐和助医服务，康乐服务的质量评价也反映出了此项服务所存在的不足。老年人的个体差异，比如年龄、性别、生活自理能力等，以及老年人的居住安排、经济收入、接受政府补贴状况等这些因素，都会以不同的方式，影响居家养老服务质量的提升。许多学者开始将管理学相关理论引入对居家养老服务的研究中，开启了居家养老服务研究的新视角。

王莉莉（2013）考虑到当前居家养老服务涉及的部门比较多，引入了居家养老服务链的概念，将居家养老服务中涉及的行业企业、政府机构、社会团体和相关社会力量全部涵盖在该服务链当中。这个服务链中的对象不仅包括接受养老服务的老年人，还包括提供服务的老年群体的照料者。居家养老服务链的服务目标非常明确，即最大限度地满足服务链服务对象的各种需求，满足老年人及其照料者的不同需求。对于居家养老服务链的服务主体，她认为应该包含众多企业行业、政府机构和相关社会团体等社会力量。根据居家养老服务链的内涵，通常可以将该服务链分为供给阶段、服务输出、服务利用几个阶段。在服务的供给阶段，该链条涉及相关的企业和机构，应根据老年群体的各项需求，结合政府政策和实际情况设计相关的服务产品，推出相应的服务项目，同时，向养老相关机构、人员提供产品信息。在服务输出阶段，相关企业和社会组织将养老服务产品输送至老年人、照料者或相关机构处。在最后一个服务利用阶段，主要是提供居家养老服务的组织，为老年人提供具体的服务。在建立并整理和划分居家养老服务链之后，她对我国居家养老服务进行了评价并指出："在服务供给阶段，'以服务为导向'的观念比较明确，'信息不对称'影响服务利用。在服务输出阶段，服务对象、内容、方式群体化、单一化、模式化，输送主体需要突破'单中心治理'的弊端。在服务利用阶段，'购买服务'理念还未形成，养老服务需求、供给、利用不平衡。"只有不断培养和完善专业团队提供养老服务的专业能力，才能提高社区居家养老服务的质量，完善社区居家养老服务体系。

杨春（2010）主要从财政投入的视角，分析了南京市居家养老服务的情况，最后得出结论：只有通过稳定的公共财政投入保障机制，才能够更加有效地进行居家养老服务体系的建设，不断规范居家养老服务，让我国的居家养老模式实现可持续健康发展。想要达到这个目标，政府还需要深入了解居家养老的重要性，并要引起社会广泛的认同。

政府的作用固然重要，但是学者们研究发现，根据我国的具体国情，我国的居家养老服务需要依靠多方利益主体，比如政府、社会组织、社区、家庭等社会各方力量，才能实现居家养老服务的良性可持续发展。因此，在政府完善相关政策法规、加大财政支持的同时，社会组织的培养、社区的合理建设和资源整合、家庭内部的协调都是需要特别注意的。

2.3.2.4 国内居家养老服务相关成本研究综述

不同的养老模式的养老成本有所不同。对于居家养老而言，成本主要包括作为赡养人的子女的经济成本、心理成本以及机会成本。子女的经济成本，主要是子女赡养老人，为老人提供经济上的支持或者经济供给，保证老人居家养老的基本物质生活需要。子女的心理成本，主要是他们在对居家养老的老人提供养老义务过程中的一些心理担忧，比如担心老人的精神健康状况等。子女的机会成本，主要包括子女在老人养老过程中，花费了很多时间，给家里老人提供经济供给和精神慰藉从而丧失了参与其他活动或事情的时间和精力。其中，经济成本包括了居家养老服务体系的管理费用、聘请专业服务人员的费用、养老机构设施建设的费用（周琪泰，2012）、每日餐饮的费用、医疗护理的费用（顾晓东，2014）以及由外部性所产生的成本（李荣华，2011）等。上海市将社区居家养老服务进行了细化，其成本项目包括生活照顾类、医疗保健类和精神慰藉类。其中生活照顾类包括助餐服务、助洁服务；医疗保健类包括助医服务；精神慰藉类包括康乐服务（章晓懿，2011）。孙劢（2014）在研究中将医疗服务的成本进行了细化，分为床位费、药品费、医疗护理费、治疗费、检查费以及其他费用。

居家养老服务的成本效用，主要是提供居家养老服务可以在多大程度上满足老人们的各种需求，包括生理需求和精神需求。随着年龄的增加，老年人的生理需求和精神需求都会逐渐发生变化。比如，当老年人的身体状况不是很健康的时候，居家养老的需求更多的会变成对专业医疗服务的需求。老年人对精神慰藉的需求会随着年龄的增加而逐年增长。因此，对于老年人的多方面需求，产生了不同的居家养老成本（王拓，2013）。章晓懿（2011）等也同意以老人的主观感受为评估依据的评估方式，并从老年人所接受的四个服务的维度设计了评估体系。廖楚晖（2014）以物质条件、生活服务和精神慰藉三个方面为基础并分别细化，分权重地设计了评估体系。在评估居家养老服务绩效的过程中，需要考虑居家养老服务内容的质量，也要考虑居家养老服务的投入产出效率。借鉴 PZB（Parasurama、Zeithamal 和 Berry）学者的 SERVQUAL 模型，采用数据包络方法（DEA）进行政府购买效率的测评，可以同时对其服务质量和效率进行综合评估（包国宪，2012）。

高灵芝（2012）等对济南市槐荫区的 9 000 余位不同性别、不同年龄段（主要集中于 60~79 岁）、不同文化程度、不同婚姻状况及不同身体状况的老年人进行了问卷调查，获得了大量有效数据，并对 20 余位居家养老服务员分别进行了个别访谈和集体访谈，在对服务人员的收入、工作时间、就业经历、技能培训等基本内容进行调查的基础上，结合对所选择城市需要提供居家养老服务的老年人的需求进行分析，包括对当地老年人可承受的有偿服务价格分布情况、不同变量（月收入、文化水平、职业、自理能力）与老年人可承受的有偿服务费用标准交互分布情况，得出如下结论：通常城市老年人都跟随儿女进行居家养老。这种养老方式是主要的养老方式。尽管有些地方政府通过购买社会服务提供居家养老服务，但是仍然有一大部分老年人由于有退休收入，不在当地政府提供居家养老服务的范围内。政府购买的居家养老服务的内容，一般按照老年人的各种需求来购买与提供，比如为老年人助餐、助洁、助浴等。在居家养老的需求中，老年人对于日常生活照料、打扫卫生、基本医疗服务的需求，比较普遍。对于这些基本需求，各地政府的财政预算基本可以覆盖。而有偿服务市场仍然有待开发，被调查的城市居家养老服务的老年人有近九成愿意接受自费方式来购买居家养老服务。当前政府购买的居家养老服务基本满足了老年人最基本的生存需求，而对于有偿服务的需求并没有给予满足，这可以是未来发展的一个方向。当然，这种有偿服务，也不能高于市场平均收费，只能作为基本需求满足的补充。

在对我国居家养老服务现状的研究中，在数据的选取范围上，大部分学者采取的是与上文中类似的对特定地点的数据进行采集的方式，而王莉莉（2013）对于数据的选取与其他学者有所区别：分别选取了 2000 年和 2006 年中国老龄科学研究中心在全国范围内组织实施的老龄人口状况普查，调查的范围比较广泛，采用分层多阶段抽样方式，分别获得个人样本 20 255 份和 19 947 份。如此获得的数据不仅涉及面广，具有较高的可信性和代表性，而且通过对不同时点取得数据的对比，有利于发现不同时点的不同需求，从而有利于政府更好地提供各类居家养老服务。居家养老服务的发展，带动了整个社会分工的进程，需要大量的服务人员，扩大了就业渠道，有助于社会形成尊老敬老的社会风尚，有利于实现政府、社区、家庭、个人多资源共同养老的新局面。张花琼认为当前我国的传统养老观念亟待转变①。受传统观念影响，我国绝大部分老年人倾向于居家养老，失能或半失能老人也多由其子女提供日常生活帮助。即使如今养老机构及其形式逐渐多样化，老年人的选择意愿也并没有多少改变。随着老龄化、少子化进程的加快，家庭养老压力也将逐步增大，年轻一代身心负担愈发沉重。王阳等对城市老年人进行医养结合型养老服务宣传前后老

① 张花琼. 医养结合新型养老服务模式国内外研究现状［J］. 海南医学，2021，32（9）：4.

年人的养老意愿进行对比后发现，在宣传前选择居家养老的研究对象，经宣传后大部分愿意选择机构养老。这说明通过积极宣传多种养老方式的优势，针对不同自理能力老年人群进行医养结合养老模式宣教，能明显促进医养结合养老模式普及程度，帮助老人选择适合自身条件的养老模式，有效缓解家庭压力。养老观念的转变是医养结合发展的基础。只有积极促进老年人的观念转变，让老年人群愿意接受不同的养老方式，我国医养结合机构才能有足够动力蓬勃发展。邸腾森、左鑫、魏鑫洪等认为当前养老产业财力不足的问题比较普遍①。首先，现阶段养老服务以购买服务为主，但我国尚未建立起完善的老年群体服务医疗保健体系，老年人大多不具有强大的购买力。其次，有关护士上门的养老服务还未被医疗机构、社会医疗保险覆盖，医疗保险报销项目也未能实现。最后，养老资金筹集的传统形式不足以支撑“互联网+”服务平台的搭建，养老服务平台缺少资金筹集的渠道，不利于新型养老服务平台的高效运营。

2.3.3 成本效益评估研究综述

对于成本效益分析用于评估方面的研究，比较成熟的是欧盟委员会。欧盟委员会成立了专门的 CBA（cost-benefit analysis）研究团队对投资项目的成本效益进行分析，进行了深入的研究，出版了《投资项目成本效益分析指南》（以下简称《指南》）。该《指南》确保了一个广泛的成本效益评估概念框架，为参与评估的从业者提供了共同的评估语言体系。该《指南》将投资项目评估分为六个步骤，具体内容包括：第一步，介绍和讨论社会经济背景和目标；第二步，生成项目的明确标识；第三步，研究项目的可行性和备选方案；第四步，财务分析；第五步，经济分析；第六步，风险评估。欧盟研究团队提出的成本效益评估框架，作为财务和经济项目评估的比较成熟的理论框架，为对投资项目做出明智的判断和决策提供了有力的评估支持，可以衡量一个项目对一个地区或国家的福利贡献。

纵观对成本效益评估的研究，很多研究围绕成本效益评估的发展、分类、方法这三个方面来进行。围绕成本效益的发展进行的研究主要有 1936 年的《美国洪水管制法案》，规定了对洪水管制计划的成本效益分析模式，这是成本效益被作为一种分析评估方法最早被应用于公共项目的评估②。加拿大于 1976 年发布政府文件，提出以成本效益分析方法为主的规制影响评估制度，

① 邸腾森，左鑫，魏鑫洪，等．基于“互联网+”的养老服务现状及展望［J］．齐鲁护理杂志，2020，26（1）：4.

② 崔卓兰，蔡立东．从压制型行政模式到回应型行政模式［J］．法学研究，2002（4）：64-73.

建议在政府监管中实施成本效益评估[①]。英国贸易工业部在 1985 年通过的《放松管制动议》中最先引入成本效益评估的内容（OECD，1997）。2003 年，美国管理与预算办公室提出采用成本效益分析，作为政府机构进行监管分析的工具[②]。2010 年 10 月，我国国务院提出要积极探索开展政府立法成本效益评估制度[③]。从各国成本效益评估的发展来看，对政府项目实施成本效益评估是一个逐渐制度化的过程。成本效益评估多被用于企业或者政府政策制定情况下。马国霞等基于大气污染导致的疾病负担模型和投入产出模型，利用成渝地区环境统计基表以及《大气污染防治行动计划》（以下简称《大气十条》）自查报告的详细数据，对成渝地区《大气十条》实施的大气污染治理成本、健康效益和社会经济影响进行了全面评估[④]。刘冠合[⑤]认为行政裁量基准成本效益的科学评估是行政决策机关制定裁量基准的依据，对于评估质量的影响因素有裁量基准成本效益评估的程序设置、行政机关评估主体的素质水平以及评估数据信息的准确性等，评估所使用的方法选择对评估质量也将起到关键作用。行政裁量基准成本效益评估质量控制方式有两种，即行政机关部门内部质量控制机制和行政机关以外的利益相关者和社会公权力对行政裁量基准成本与效益评估质量的监督，在行政机关内部控制机制中又有“特定权限观”与“一般权限观”两种观点。这两种控制与保障机制都是我国在建立和完善行政裁量基准成本效益评估时所要考虑的问题，也是发挥裁量基准成本效益分析作用的价值保障。

大部分将成本效益评估应用于养老服务项目的研究，主要从养老机构服务质量科学化和精细化评估的视角出发，探索符合成本效益原则的评估项目模式。不同国家衡量养老质量的方式和标准各不相同。比如美国通过比较护理之家，将各机构养老服务质量向民众公开，使提供养老服务的质量评估尽量公开化；日本则主要采用老年人评估、养老服务机构自我评价、社会第三方机构评

---

① HAHN R W, SCHMALENSEE R L, NOLL R, et al. Benefit-Cost Analysis in Environmental, Health, and Safety Regulation: A Statement of Principles [J]. Books, 1996 (4): 221-222.

② 汪全胜. 加拿大立法的成本效益分析制度探讨 [J]. 法治研究, 2014 (8): 27-37.

③ 席涛. 立法评估：评估什么和如何评估（上）——以中国立法评估为例 [J]. 政法论坛, 2012 (5): 59-75.

④ 马国霞, 等. 成渝地区《大气污染防治行动计划》实施的成本效益评估 [J]. 中国环境管理, 2019, 11 (6): 38-43.

⑤ 刘冠合. 行政裁量基准成本效益评估质量及保障机制 [J]. 黑龙江省政法管理干部学院学报, 2019 (4): 9-13.

估相结合的方式，进行养老服务质量的评估；英国则根据社区养老、居家养老、机构养老等不同类型开展标准化的评估。

2.3.4 政府购买居家养老服务的研究综述

2.3.4.1 围绕供给主体进行的研究综述

向永泉[①]认为政府创新供给机制将会有效解决政府供给偏差、社会化供给缺位以及市场化供给失灵的不足，从而更好地优化居家养老服务的供给体系，实现居家养老服务高效运转。姜玉贞[②]在对当前多元供给主体的研究方面进行反思后认为，政府角色转变过程中存在路径依赖，难以在短时间内建立相应的权威性，难以使相关资源在市场配置中起决定性作用；供给主体较少合作且相互之间的合作不成熟，没有建立起良好的合作关系。仝利民[③]认为，现代居家养老服务供给包括家庭、政府和社会力量等，由多方力量构成的供给主体形成了现代化的居家养老服务体系。赵小艳[④]认为，随着我国社会主义市场经济的不断发展，市场对于政府购买居家养老服务起着至关重要的作用。政府在起着指导作用的同时，也要重视市场的作用，推进养老服务业实现产业化运行。

李文琦[⑤]研究认为，当前的政府购买居家养老服务，忽视了各主体的服务能力、实现机制以及作用形式等核心问题。林瑜胜[⑥]在研究中提出了类似的方式，即通过“互联网+”视角来创新居家养老服务供给治理方式。英国学者Parrott[⑦]提出，居家养老服务的主要提供主体是政府，政府应当在以自身为主体的情况下调动社会各方面的力量参与，特别是要调动家庭和社会、企业的资源。贾智国[⑧]认为，近年来养老服务供给主体出现多元化趋势，由政府单一包揽一切转化为市场主体蓬勃发展，政府应顺应时代发展的要求，转变政府职

---

① 向永泉. 试论居家养老服务的供给主体与供给机制创新：以厦门市为例［J］. 厦门特区党校学报，2014（1）：51-57.

② 姜玉贞. 社区居家养老服务多元供给主体治理困境及其应对［J］. 东岳论丛，2017，38（10）：45-53.

③ 仝利民. 社区照顾：西方国家老年福利服务的选择［J］. 华东理工大学学报（社会科学版），2004（4）：20-24.

④ 赵小艳. 老龄化背景下居家养老服务的多元供给主体研究［D］. 西安：西北大学，2008.

⑤ 李文琦. 网络治理视角下社区居家养老服务供给机制改进研究［J］. 改革与战略，2018，34（7）：104-109.

⑥ 林瑜胜. “互联网+”视角下我国居家养老服务供给治理研究：以“虚拟养老院”为例［J］. 上海城市管理，2018，27（5）：23-30.

⑦ LESTER PARROTT. Social Work and Social Care［M］. London：Routledge，2003：90-92.

⑧ 贾智国. 我国养老服务供给中政府角色的再定位：基于多中心治理视阈［J］. 南方论刊，2018（3）：46-48.

能，发挥主导作用，促进政府、市场和社会的良好合作。杨清红和高艳[①]通过对我国居家养老服务的需求和供给进行调查与分析，发现我国居家养老服务的参与主体呈现出多元化的趋势，包括政府、社区（村集体）家庭、营利组织、非营利组织、社区（村集体）居民、志愿者及其他，但是仍然以政府和家庭为主导。

由此可见，学者们普遍赞同把市场机制和政府的宏观调控结合起来，建设高效率的居家养老服务体系。同时，仅仅有多元供给体系还不行，还需要引入互联网技术，利用互联网带来的技术优势优化政府购买居家养老服务体系。学者们对于家庭和社会的互相配合具有较高的评价，认为这样的模式将会有效地提高居家养老服务的水平，同时也能够带来显著的社会效益，构建了多元化的养老服务网络。这些观点对于解决居家养老服务的相关问题是大有裨益的。

2.3.4.2　围绕服务提供方式的研究综述

对于政府购买居家养老服务的模式，国内学者一般都参照购买主客体间的关系和购买程序的竞争程度两个维度进行划分，分为形式性购买模式、委托性购买模式、独立性竞争购买模式。张志元和郑吉友[②]认为，当前政府购买居家养老服务，要在多元供给主体的基础之上运用“市场之手”和“政府之手”整合组织、企业、社区以及志愿者等资源，促进居家养老服务向深度发展。青连斌[③]认为政府购买居家养老服务符合我国国情，有着传统家庭养老服务所不可比拟的优势，将有利于缓解我国养老服务供给不足的情况。汪泳和陈立行[④]认为，政府购买居家养老服务对于我国养老事业的发展，促进人口老龄化问题的解决具有极为重要的作用。在当前的社会发展时期，让养老服务跟上时代步伐，解决好中国老龄人口的突出问题具有重大意义。曹立前、王君岚[⑤]进一步对三种模式做出评估：形式性购买模式能够满足当前老年人多元化的养老服务需求，在促进相关社会组织发展的同时也提供了就业机会、缓解了就业压力；委托性购买模式更能选择出质量和规模上具有突出专业优势的社会组织，但透明度不高，不能做到完全的客观公正；独立性竞争购买模式有利于决策的公平公正。

---

① 杨清红，高艳. 供给侧结构性改革视角下居家养老服务需求、供给与衔接［J］. 商业经济研究，2021（10）：173-177.

② 张志元，郑吉友. 我国农村失能老人居家养老服务多元供给思考［J］. 河北经贸大学学报，2018，39（5）：102-108.

③ 青连斌. 如何才能让农村老年人真正老有所养［J］. 人民论坛，2019（13）：69-71.

④ 汪泳，陈立行. 基于供给侧视角的长春市社区居家养老服务研究［J］. 知识经济，2017（10）：35-37.

⑤ 曹立前，王君岚. 政府购买居家养老服务的完善路径［J］. 经济研究参考，2019（12）：120-123.

J. Baldock、A. Evers① 发现，如果提供套餐化的养老服务内容，更能够满足老年人的多元化需求，更加能够符合广大老年人对于晚年生活的多方面需求。B. Meredith② 发现，只有满足老年人的基本生活需求和精神文化需求，才能有效提高政府购买居家养老服务的质量。Pavey、D. Pstsios③ 认为政府购买的居家养老服务主要属于正规类型的居家养老服务。

2.3.4.3 围绕服务内容的研究综述

穆光宗④认为，政府购买居家养老服务的内容应满足不同层次老年人的个性化需求，首先满足老年人基本物质生活层面的需求，其次满足其精神层面、心灵层面及其他方面多层次需求，实现服务内容的多元化。袁维勤⑤认为，通过政府购买的方式提供养老服务能够促进政府职能转变，做好监督和管理工作，同时有利于创新公私合营养老服务新模式。姜伟⑥提出应当构建以需求为导向的居家养老服务，提升老年人的自我保护意识和防病意识，在建立居家养老服务中心的前提下，为老年人提供家庭病床、上门门诊等专业护理人员等。王诗露等⑦在总结实际经验的基础之上研究认为，应充分鼓励专业性的养老服务机构发展，推动多元化主体参与，整合养老服务机构的资源，由政府联合市场主体设立居家养老服务的专业性场所，将养老服务机构的专业资源向周边居家老人延伸，提供相应的居家养老服务。杨清红和高艳（2021）认为居家养老服务保障的供给内容主要涉及日常生活服务、医疗保健服务、精神文化服务、休闲娱乐服务、权益保障服务等方面。

Cohen 等⑧提出，可以借鉴市场运作模式，通过政府主导，运用财政资金

---

① JOHN BALDOCK, ADALBERT EVERST. Innovations and Care of the Elderly: The Cutting-edge of Change for Social Welfare Systems. Examples from Sweden, the Netherlands and the United Kingdom [J]. Ageing and Society, 1992, 12 (3): 289-312.

② B MEREDITH. The community care handbook: the new system explained [M]. London: Age Concern England, 1993: 125-126.

③ PAVEY A, PSTSIOS D. Formal and Informal Community Care to Older Adults: Comparative Analysis of the United States [J]. Journal of Family and Economic Issues, 1999 (3): 271-299.

④ 穆光宗. 家庭养老面临的挑战以及社会对策 [J]. 中州学刊, 1999 (1): 64-67.

⑤ 袁维勤. 政府购买养老服务问题研究 [D]. 重庆: 西南政法大学, 2012.

⑥ 姜伟. 经济发展新常态下健康养老产业的新机遇研究 [J]. 企业改革与管理, 2017 (7): 212-214.

⑦ 王诗露, 张洪新, 郭雯, 等. 供需视角下城市社区居家养老服务发展研究: 以江宁区为例 [J]. 中共南京市委党校学报, 2017 (5): 106-112.

⑧ JOACHIM COHEN, JOHAN BILSEN, PETER HOOFT, et al. Dying at home or in an institution [J]. Health Policy, 2006, 78 (2): 319-329.

购买居家养老服务。Grillo① 认为，接受居家养老服务的老年人的满意度，可以通过对其参与服务的体验来进行考评。Fradkin② 发现，居家养老服务中的日间托管服务，给予了老年人生活上的帮助和精神上的慰藉以及娱乐，这种服务让老年人能够和其他老年人有更多的交流。Morney③ 提出，政府不仅应该提供基本养老服务，还应该提供包括精神慰藉、特殊医疗服务等在内的多元化的服务。

2.3.5 政府购买居家养老服务评估研究综述

2.3.5.1 *顾客满意度理论研究综述*

随着“新公共管理运动”的兴起，满意度测评从商业部门扩展到政府公共服务领域④。为更好地对公共部门进行满意度测评，美国对 ACSI 进行了改进，保留了 ACSI 模型中的“顾客期望”“顾客抱怨”，但是将“顾客忠诚”变成了“对政府的信任”⑤。我国学者盛明科等（2006）基于 ACSI 模型，根据我国的具体国情，提出了公众满意度测评（CPSI）模型⑥。学者们除了对公众满意度测评理论进行探究外，还对满意度测评的评估体系、操作方法、分析方法进行了研究，在理论和实践应用方面均有较多成果⑦⑧⑨⑩。

研究者们在政府购买服务绩效问题之下，对政府购买服务满意度进行了研

① GRILLO R. North African women and the French social services [M] // Ideologies and Institutions in Urban France: The Representation of Immigrants. Cambridge: Cambridge University Press, 1985: 141-162.

② FRADKIN, LOOUISE G HEATH, ANGLEA. Caregiving of older adults [M]. California: ABC-CLIO, Inc., 1992.

③ MORNEY, ROBERT M GENERALED. Caring and competent caregivers [M]. Georgia: The University of Georgia Press, 1998.

④ 吴建南，张萌，黄加伟. 基于 ACSI 的公众满意度测评模型与指标体系研究 [J]. 广州大学学报（社会科学版），2007（1）：13-17.

⑤ BEARDEN W O, OLIVER R L. The Role of Public and Private Complaining in Satisfaction with Problem Resolution [J]. Journal of Consumer Affairs, 1985, 19 (2): 222-240.

⑥ 盛明科，刘贵忠. 政府服务的公众满意度测评模型与方法研究 [J]. 湖南社会科学，2006（6）：36-40.

⑦ 朱国玮，黄珺，汪浩. 公共部门公众满意度测评研究 [J]. 理论与改革，2004（6）：42-45.

⑧ 王谦，李锦红. 政府部门公众满意度评价的一种有效实现途径 [J]. 中国行政管理，2006（1）：33-35.

⑨ 郑方辉，王琲. 地方政府整体绩效评价中的公众满意度研究：以 2007 年广东 21 个地级以上市为例 [J]. 广东社会科学，2008（1）：45-51.

⑩ 王佃利，宋学增. 公共服务满意度调查实证研究：以济南市市政公用行业的调查为例 [J]. 中国行政管理，2009（6）：75-79.

究，主要探讨政府购买公共服务实施后的公众满意度的影响因素、测评模型、评价体系及其实际应用。王春婷等①从政府成本、运行效率等四个方面，构建了政府购买公共服务绩效评估模型。吉鹏等②在 ASCI 的基础上构建了政府购买居家养老服务满意度评价指标。王轲等③研究发现，社会公众对社会组织提供的服务评价比较高。吉鹏等④构建了政府购买养老服务满意度指标评估体系，发现接受养老服务的老人对服务人员的移情性评价最低，对服务环境的舒适性评价最高。汪芳芳⑤借鉴顾客满意度理论，试图从“顾客满意”的角度考察测量硕士研究生的满意度情况，并以此评估硕士研究生培养质量。基于顾客满意度理论对大学生的满意度测评研究较为成熟，形成了相对稳定的学生满意度评价体系，测评结果得到了学校、学生以及社会的认可，在学校发展、教学质量改进等方面发挥了重要作用。

在研究者们的共同努力下，对于该领域的研究成果不断丰富，为具体实践提供了强大的理论支撑。但是，仍有一些值得继续研究的地方，比如目前一些评估指标只是初步的构想，或者只是理论上的构建，并未真正被用于实践，存在可操作性和可推广性不强的问题，且在实际的指标运用测评过程中，某些问题比较偏于理论化，导致出现接受养老服务的老人无法回答的现象。而且，现有研究尚没有较为权威、比较统一完善的政府购买公共服务的满意度评价体系，学者们研究的评估指标类型较多且比较零散和分散，缺乏统一的标准。某些现有用于实践的满意度测量指标体系，有些只有一个粗略的范围和框架，相对比较简单化，能否准确测量出公众满意度还需进一步深入研究。

2.3.5.2　我国政府购买公共服务评估研究综述

（1）关于评估要素的研究。谢玲⑥提出，为了有效衡量政府购买公共服务的绩效，可以从社会公正、公众满意度等多个角度来衡量。徐家良等⑦认为应

---

① 王春婷，李帆，林志刚. 政府购买公共服务绩效结构模型建构与实证检测：基于深圳市与南京市的问卷调查与分析［J］. 江苏师范大学学报（哲学社会科学版），2013，39（1）：109-115.

② 吉鹏，李放. 政府购买居家养老服务的绩效评价：实践探索与指标体系建构［J］. 理论与改革，2013（3）：104-107.

③ 王轲，吴湘玲. 政府向社会组织购买公共服务满意度研究：以武汉市为例［J］. 华东经济管理，2016，30（2）：170-176.

④ 吉鹏，李放. 政府购买养老服务满意度指标构建与实证评价：基于江苏三市的调研数据［J］. 人口与发展，2017，23（3）：59-67.

⑤ 汪芳芳. 基于顾客满意度理论视角的硕士研究生学习满意度调查分析：以 AC 大学为例［J］. 今日财富（中国知识产权），2020（3）：58-59.

⑥ 谢玲. 政府购买公共服务绩效评估研究述评［J］. 山东行政学院学报，2013（6）：47-51.

⑦ 徐家良，赵挺. 政府购买公共服务评估机制研究［J］. 政治学研究，2013（5）：87-92.

该从学理上对政府购买公共服务的评估机制的分析框架进行研究，以评估结构为评估机制的基础。周俊[①]认为应该关注政府购买社会组织服务的经济、效率等多方面，对其进行经济性评估、监管和社会性评估。

（2）关于评估的性质和作用的研究。金碧华、曹师勤[②]认为，通过对养老服务机构的硬件和软件的评价，比如对其服务效果的评价，可以了解提供养老服务机构的绩效。李卫东[③]根据已经制定出来的评价标准对政府购买公共服务进行了评价。徐永祥和潘旦 [④]的观点是为了避免寻租的出现，应尽量选择采用独立第三方评估的模式。黎江[⑤]认为第三方评估涉及政府、社会组织与服务对象，应综合对其进行动态评价，有利于掌握和了解服务效果。邓国胜[⑥]认为评估的数据可以作为政府完善福利制度或者出台政策法规的依据，通过评估还可以让政府更好地了解提供服务的社会组织，有利于政府更好地选择承接养老服务的社会组织。

（3）关于构建评估机制的研究。邓国胜[⑦]认为，评估人员的专业能力，是评估质量的重要保障，必须培养具有评估技能、涉及多领域、具有评估经验的人才。

李卫东[⑧]认为，评估工作必须重视项目实施的前期以及中后期评估，且评估指标要具有可操作性。徐选国[⑨]提出，为了保证独立第三方评估的独立性、合法性和公正性，有必要从法律上进行规范，找准第三方评估在社会治理框架中的结构性位置。

---

① 周俊. 政府购买公共服务的风险及其防范 [J]. 中国行政管理，2010 (6)：20-23.

② 金碧华，曹师勤. 我国慈善组织公信力重建中的第三方评估机制 [J]. 经营与管理，2016 (5)：17-20.

③ 李卫东. 政府购买公共服务引入第三方评估机制的分析 [J]. 经济研究导刊，2014 (13)：183-185.

④ 徐永祥，潘旦. 国际视野下第三方参与慈善组织评估的机制研究 [J]. 江西社会科学，2014 (8)：205-209.

⑤ 黎江. 政府购买社会组织服务项目的第三方评估：现状、困境与路径优化 [J]. 经济研究导刊，2019 (24)：184-185.

⑥ 邓国胜. 中国社会组织“走出去”的必要性与政策建议 [J]. 管理科学，2015 (12)：70-74.

⑦ 邓国胜. 民间组织评估：机遇与挑战 [J]. 学会，2008 (6)：32-34.

⑧ 李卫东. 政府购买公共服务引入第三方评估机制的分析 [J]. 经济研究导刊，2014 (13)：183-185.

⑨ 徐选国，黄颖. 政社分开与团结：政府购买社会服务第三方评估的风险及其治理：基于S市的评估实践 [J]. 社会工作与管理，2017 (2)：70-77.

赵环、徐选国、杨君①认为，当前进行的政府购买第三方评估，确实需要解决评估的合法性、独立性等问题，要不断完善相关法律法规制度，使评估合法化。李春等②认为专业性不强、独立性不够和公信力不足，是当前我国政府购买公共服务评估中存在的主要问题。傅金鹏③认为只有保证了第三方评估的独立性，才能有效防止公益性社会组织提供公共服务失灵。马焕英④认为当前的评估指标可操作性不强，评估方易受项目委托方等主观因素的影响。2018年，我国财政部下发《关于推进政府购买服务第三方绩效评价工作的指导意见》，大力提升了第三方评估机构在评估机制中的主体地位。第三方评估机构是项目外部评估主体，是有效的评估制衡机构。李雨桐⑤分析了评估机制的客体要素方面，认为政府购买公共服务项目本身即为评估客体，其财务状况、运营状态、实施效果等方面都需接受评估主体的评估监督。社会力量作为购买公共服务项目的承担方，其内部的财务状况、运行状态直接影响着公共服务项目的生产建设和运营，因此将其纳入评估客体是必不可少的。政府将本属于自身的供给责任转移给其他主体，也应当接受评估，但目前的评估工作并未将其列为主要评估客体。彭文敏⑥通过考查政府购买公共服务的基本属性，将政府购买公共服务项目的评估维度进行组合，给出了政府购买公共服务全过程评估的内涵，利用德尔菲法，构建了包括事前决策评估、事中控制评估和事后绩效评估的政府购买公共服务全过程评估指标体系。事前决策评估围绕服务购买的可行性和必要性展开，且政府支持和需求情况相关指标的权重系数更高；事中控制评估包括项目计划组织、运作管理和过程控制相关的指标，其中，监督评估和财务管理相关指标的权重系数略高于其他维度的指标；事后绩效评估包括项目投入、项目产出和项目效应相关的指标，其中，服务成效和资金投入相关指标的权重系数更高。评估指标体系围绕各个阶段的评估目标展开，权重系数分配合理，对提高公共服务的购买效率和供给质量都能起到积极作用。张彦春、

① 赵环，徐选国，杨君．政府购买社会服务的第三方评估：社会动因、经验反思与路径选择［J］．福建论坛（人文社会科学版），2015（10）：147-154.

② 李春，王千．政府购买养老服务过程中的第三方评估制度探讨［J］．中国行政管理，2014（12）：40-44.

③ 傅金鹏．我国公益性社会组织提供公共服务的问责逻辑［D］．上海：复旦大学，2012.

④ 马焕英．广州社会工作服务评估困境与对策：以L社工机构为例［J］．东莞理工学院学报，2014（4）：51-55.

⑤ 李雨桐．政府购买公共服务评估机制研究［D］．北京：中国矿业大学，2020.

⑥ 彭文敏．政府购买公共服务评估指标体系研究：基于全过程评估的视角［J］．技术经济与管理研究，2021（7）：86-91.

王孟钧[①]认为在进行物有所值定性评估时，一般采取专家评分法，即事先由评估小组拟定定性评估指标，然后再根据所制定的标准和评分要求组建行业专家组，包括财政金融、项目工程和法律会计等方面，通过召开专家组会议对政府购买项目做出定性评估结论。在物有所值定量评估时，主要是将政府的支出成本现值（PPP）与公共部门比较值（PSC）相比得出物有所值量值，以确定是否可采用政府购买模式。在这一阶段，需设置影子报价，即通过估算得到该项购买服务项目的政府支出成本现值。PSC是指政府不采用购买方式而通过传统办法自行提供公共服务所需的全部成本。通过两个数值的比较，如果影子报价低于PSC，即说明物有所值量值为正，即该项公共服务项目采用政府购买方式具有可行性。其计算公式为：物有所值指数=(PSC值-PPP值)/PSC值×100%。

2.3.6 德尔菲法研究综述

德尔菲法是综合专家意见得到共识的有效技术，在预测及评价研究领域应用广泛。本节对德尔菲法的发展脉络、操作流程及特点进行介绍，旨在为应用该方法进行评估指标的研究提供理论基础。

2.3.6.1 德尔菲法的提出

20世纪50年代，美国兰德公司开发出一种用于项目评价的德尔菲法(Delphi Method)。这是一种利用一系列拥有可控观点反馈的问卷来获取专家意见的技术[②]。德尔菲法本质上是对专家进行多轮问卷调查，通过统计和多轮反馈，最终得到专家对某一问题的统一意见的赋权方法。其过程是：首先选出专家组成员，然后由研究者设计调查问卷，并对专家组成员进行意见征询，专家组成员按照问卷的要求进行打分，专家组成员通过反馈材料与研究者进行匿名的意见交流。经过多轮反馈，专家组成员的意见会逐渐趋于集中，最后达成共识。德尔菲法最初被应用于国防领域，后来扩展到其他各学科领域的应用中。目前，由于德尔菲法具有专家的匿名性、问卷的重复性、有控制的反馈、结论的量化统计处理、专家意见的综合性等特征[③]，该方法已成为预测及评价研究

① 张彦春，王孟钧. PPP项目运作、评价、案例［M］. 北京：中国建筑工业出版社，2016：224-230.

② LINSTONE H A, TUROFF M. Delphi method: techniques and applications [M]. Boston: Addison-Wesley Publishing, 1975: 282-287.

③ 曾晓牧. 高校信息素质能力指标体系研究［D］. 北京：清华大学，2005.

领域最常用的方法之一①。

2.3.6.2 德尔菲法的发展

德尔菲法产生后被广泛应用于众多学科领域，在不断的实践过程中，该方法也得到了发展和完善。20 世纪 50 年代，Helmer、Dalkey、Gordon 开创了传统德尔菲法（Traditional Delphi）。之后，许多学者进行了深入的研究。20 世纪 70 年代，Turoff 提出了政策德尔菲法（Policy Delphi）。政策德尔菲法旨在找到不同的政策选择，以及通过对政策的赞成和反对的论点，来支持政策作为某一问题的解决方案。传统德尔菲法与政策德尔菲法具有一定的不同，政策德尔菲法是一个决策辅助工具，而传统德尔菲法是一个决策工具②。传统德尔菲法和政策德尔菲法在预测和评价某一复杂问题时起到了重要作用，但二者也有其局限性，如问卷的固定结构可能会限制专家产生新的想法；对某一问题难以达成统一意见；多轮问卷调查成本高、耗时长；某些复杂问题回答起来具有一定的模糊性；研究者在多轮问卷征询过程中可能会滤掉专家的真实意见。

为优化德尔菲法，Murry（1985）将德尔菲法与模糊理论相结合，引入隶属度（membership degree）概念，提出模糊德尔菲法（Fuzzy Delphi）。模糊德尔菲法综合考虑了专家主观思维的模糊性和不确定性③。Ishikawa 等④用模糊德尔菲法预测未来计算机普及率，提出了新模糊德尔菲法（NFDM）。模糊德尔菲法比较节约时间成本，将专家咨询的次数减少至一轮。这样，专家意见的完整性得到保障，且不会强迫专家修正自己的观点⑤。

Gordon 等⑥提出实时德尔菲法（Real-Time Delphi），认为研究者可通过实时在线平台征询专家意见，减少了多轮问卷调查的繁琐程序，降低了时间成本，专家可对某一问题进行快速响应。实时德尔菲法比较适用于人数较少（15 人以下）的专家组，否则其实时效果会有所下降。目前有一些平台可以支

---

① 袁勤俭，宗乾进，沈洪洲. 德尔菲法在我国的发展及应用研究：南京大学知识图谱研究组系列论文 [J]. 现代情报，2011，31（5）：3-7.

② 丁晋飞，谈立峰，汤在祥，等. 德尔菲法及其在公共卫生领域的应用和展望 [J]. 环境与职业医学，2012，29（11）：727-730.

③ 林甦，任泽平. 模糊德尔菲法及其应用 [J]. 中国科技论坛，2009（5）：102-103，122.

④ ISHIKAWA A，AMAGASA M，SHIGA T，et al. The max-min Delphi method and fuzzy Delphi method via fuzzy integration [J]. Fuzzy Sets and Systems，1993，55（3）：241-253.

⑤ 丁晋飞，谈立峰，汤在祥，等. 德尔菲法及其在公共卫生领域的应用和展望 [J]. 环境与职业医学，2012，29（11）：727-730.

⑥ GORDON T，PEASE A. RT Delphi：An efficient，"round-less" almost real time Delphi method [J]. Technological Forecasting and Social Change，2006，73（4）：321-333.

持实时德尔菲法的实现，如 TechCast、Perseus、Zoomerang、Deme、Calibrum 等。实时德尔菲法在修正传统德尔菲法的同时，德尔菲法的反复性原则被及时反馈影响，其问卷过程也被改变了。Gnatzy① 对实时德尔菲法的科学性和稳定性进行了验证。

White② 在原有传统德尔菲法的基础上，又提出了解决问题的德尔菲法（Problem-solving Delphi）。这种方法通过排序和配对比较，来获得专家组协调一致的意见，达到最终评价的效果。

2.3.6.3 德尔菲法的实践

经过几十年的发展，德尔菲法从最初被应用于国防领域扩展到多个学科领域。学者们在实际研究中也在不断修正和改进该方法。基于传统德尔菲法，学界发展出政策德尔菲法、模糊德尔菲法、实时德尔菲法及解决问题的德尔菲法（Helmer、Dalkey、Gordon，1950s；Turoff，1970；Murry，1985；Gordon，2006；White，2007）。同时，在专家组的选择、问卷设计、意见统计处理等细节问题上进行了更深入的探讨以提高该方法的科学性和严谨性③④⑤⑥。

曾照云等⑦发现在应用研究中，德尔菲法有时候也容易出现缺乏严格的专家选择标准的现象，易形成假性共识，以及对德尔菲法研究成果的借鉴没有加以论证等问题。他提出，为保证德尔菲法的可靠性和准确性，研究者应当注重每个步骤的设计与实施的科学性。

在近三年的研究中，德尔菲法在医学、老年人照护、公共卫生以及教育方面评价体系的构建方面的贡献尤为突出。

---

① GNATZY T, WARTH J, GRACHT H V D, et al. Validating an innovative real-time Delphi approach - A methodological comparison between real-time and conventional Delphi studies [J]. Technological Forecasting & Social Change, 2011, 78 (9): 1681-1694.

② WHITE C, TUROFF M, VAN DE WALLE B. A dynamic delphi process utilizing a modified Thurstone scaling method: Collaborative judgement in emergency response [J]. Proceedings of ISCRAM, 2007 (4): 13-16.

③ 赵松山，白雪梅. 用德尔菲法确定权数的改进方法 [J]. 统计研究，1994 (4): 46-49.

④ 蔡辉，张颖，倪宗瓒. Delphi 法中评价专家的筛选 [J]. 中国卫生事业管理，1995 (1): 49-50, 55.

⑤ 田军，等. 基于德尔菲法的专家意见集成模型研究 [J]. 系统工程理论与实践，2004 (1): 57-62, 69.

⑥ 刘伟涛，顾鸿，李春洪. 基于德尔菲法的专家评估方法 [J]. 计算机工程，2011, 37 (S1): 189-191, 204.

⑦ 曾照云，程晓康. 德尔菲法应用研究中存在的问题分析：基于 38 种 CSSCI (2014—2015) 来源期刊 [J]. 图书情报工作，2016, 60 (16): 116-120.

在幼儿及中小学教育板块，德尔菲法对探究幼儿教师心理资本的结构指标体系，为推动幼儿教师的专业发展和相关教育政策的制定提供了参考依据①；德尔菲法被用于对中小学教师领导力评价体系指标的构建②，有学者构建了基于德尔菲法的教师教育培训内容演化自组织学习的新型教师教育模式③；有学者运用德尔菲法进行了学生数学创新素质评价指标体系的构建④。在实习教育板块，有学者基于德尔菲法构建了中医院实习护士生临床教学质量双向评价体系⑤；也有学者应用德尔菲法结合层次分析法建立了临床专业学生儿科实习质量的评价系统，以提高实习质量⑥。在高校教育板块，有学者运用德尔菲法进行了基于德尔菲法的高校精品在线开放课程评估体系的构建⑦，有学者运用德尔菲法进行了基于德尔菲法和层次分析法的硕士研究生生源质量评价指标体系的构建⑧，有学者运用德尔菲法进行了大学生学习评价指标体系的构建⑨，有学者运用德尔菲法进行了产教融合目标达成度评价指标体系的构建⑩，有学者运用德尔菲法进行了高校教师教学能力评价指标体系的构建⑪。

在医学方面的评价体系及指标在近三年趋于全面且细致化。学者们运用德尔菲专家咨询法从分类的代表性、唯一性、分类名称的明确性和分类定义的清晰性四个方面构建药物重整过程中药物差异分类工具，推动药物重整实施的标

① 骆亮．幼儿教师心理资本结构的构建：基于德尔菲法的研究［J］．新智慧，2021（16）：55-56，76.

② 高磊，张志杰．我国中小学教师领导力评价指标体系研究［J］．教学与管理，2022（12）：22-26.

③ 方海光，孔新梅，杜东燕，张铮．教师教育培训内容演化自组织学习模型研究［J］．电化教育研究，2022，43（3）：121-128.

④ 张春莉，王艳芝．学生数学创新素质评价指标体系构建：基于德尔菲法的调查分析［J］．教育科学研究，2021（7）：47-52.

⑤ 危椠罡，等．基于德尔菲法构建中医院实习护生临床教学质量双向评价体系［J］．中国现代医生，2022，60（6）：157-162.

⑥ 路苓，等．德尔菲法结合层次分析法建立临床专业学生儿科实习质量的评价系统［J］．中国基层医药，2022，29（4）：619-622.

⑦ 吴岚艳，李洁．基于德尔菲法的高校精品在线开放课程评估体系构建研究［J］．哈尔滨学院学报，2022，43（2）：142-144.

⑧ 何其迅，马小蕊，吴萍．基于德尔菲法和层次分析法的硕士研究生生源质量评价指标体系研究［J］．医学教育管理，2022，8（1）：101-105，126.

⑨ 徐新爱．大数据时代下大学生学习评价指标体系构建研究［J］．教师博览，2022（6）：4-7.

⑩ 沈绮云，欧阳河，欧阳育良．产教融合目标达成度评价指标体系构建：基于德尔菲法和层次分析法的研究［J］．高教探索，2021（12）：104-109.

⑪ 杨世玉，刘丽艳，李硕．高校教师教学能力评价指标体系建构：基于德尔菲法的调查分析［J］．高教探索，2021（12）：66-73.

准化[①]，确定霉酚酸治疗药物监测指南的临床问题及结局指标[②]；有学者应用德尔菲法确定药学门诊管理标准的要素及其规范，为药学门诊管理提供参考依据[③]；有学者应用德尔菲法构建青年学生 HIV 感染风险评估指标体系[④]；有学者基于德尔菲法构建女性盆底功能障碍高发人群一级预防自我护理能力量表[⑤]。

在公共卫生领域，学者们运用德尔菲法，构建了基于德尔菲法的卫生健康高质量发展指标评价体系[⑥]，构建了灾害救援方面的应急医学救援力量能力评价指标体系[⑦]，构建了基于德尔菲法的突发公共卫生危机多主体响应指标设计评价体系[⑧]，构建了基于德尔菲法的重庆市健康促进医院评价指标体系[⑨]，构建了“健康四川行动”监测评估体系以便为四川省健康促进工作评价提供参考[⑩]，构建了第三方平台互联网医院成本效益评价指标体系[⑪]，构建了基于德尔菲法的公共卫生事件中家庭服务需求指标体系[⑫]。在疫情防控方面，学者们采用德尔菲法构建了东盟国家登革热输入我国和引发本地传播风险评估指标体

---

① 杜亚玲，等. 基于德尔菲法构建药物重整过程中药物差异分类工具［J］. 中国医院药学杂志，2022，42（13）：1376-1381.

② 刘爽，姜丹，赵荣生. 基于德尔菲法确定霉酚酸治疗药物监测指南的临床问题与结局指标［J］. 中国医院药学杂志，2022，42（14）：1479-1482.

③ 杨丽娟，等. 基于德尔菲法的药学门诊管理标准要素研究［J］. 中国医院，2022，26（2）：1-2，4.

④ 罗业飞，等. 应用德尔菲法构建青年学生 HIV 感染风险评估指标体系［J］. 中华流行病学杂志，2021，42（11）：1918-1922.

⑤ 何芳，等. 基于德尔菲法构建女性盆底功能障碍高发人群一级预防自我护理能力量表［J］. 护理研究，2021，35（21）：3906-3909.

⑥ 梁旭，等. 基于德尔菲法的卫生健康高质量发展指标评价体系构建研究［J］. 中国卫生经济，2022，41（4）：70-73.

⑦ 刘前进，等. 应用德尔菲法和层次分析法构建的陆军卫生连核应急医学救援力量能力评价指标体系［J］. 中华灾害救援医学，2022，10（3）：121-126.

⑧ 于翠平. 基于德尔菲法的突发公共卫生危机多主体响应指标设计评价［J］. 中国医院，2022，26（4）：29-32.

⑨ 邹茂，等. 基于德尔菲法的重庆市健康促进医院评价指标体系构建研究［J］. 医学与社会，2022，35（2）：75-79，84.

⑩ 关旭静，等. “健康四川行动”监测评估体系构建研究［J］. 中国健康教育，2022，38（1）：8-13.

⑪ 魏东海，等. 基于德尔菲法构建第三方平台互联网医院成本效益评价指标体系［J］. 中国医院，2022，26（1）：9-12.

⑫ 陈勃昊，等. 基于德尔菲法的公共卫生事件中家庭服务需求指标体系构建［J］. 复旦学报（医学版），2022，49（1）：60-69，72.

系[1]，构建了基于德尔菲法的医院重大疫情应急能力评价指标体系[2]，构建了新型冠状病毒肺炎预警指标体系，其方法具有科学性和合理性[3]。

在老年人照护领域，学者们构建了安宁疗护中医务社工服务评价指标体系[4]，构建了科学、规范、实用的初级医养结合老年护理人才岗位胜任力评价指标体系[5]，探索构建了功能社区家庭医生签约服务项目并确定其权重系数，为确定功能社区家庭医生签约服务项目及其实施优先级等提供了参考依据[6]。

学者们在其他领域也基于德尔菲法构建了评价体系。在旅游方面，有学者构建了体旅结合的地方建设评价体系[7]。在城市建设方面，有学者运用德尔菲法构建了一套国家卫生城市创建影响评价的指标体系，为国家卫生城市创建后的长期影响评价提供了评价工具[8]。在企业可持续发展方面，有学者构建了中药民族药企业可持续发展能力评价指标体系，具有较好的科学性、客观性和可行性，可为相关部门对中药民族药企业进行监督评估提供标准化依据[9]。在建筑领域，德尔菲法被应用在工程造价的各阶段[10]；为可靠、具体地分析桥梁施工过程中带来的风险，有学者基于德尔菲法提出了适用于中承式系杆拱桥的灰

---

① 杨栋，等. 采用德尔菲法构建东盟国家登革热输入我国和引发本地传播风险评估指标体系研究［J］. 疾病监测，2021，36（6）：566-572.

② 陈琳，等. 基于德尔菲法的医院重大疫情应急能力评价指标体系构建研究［J］. 中国医院管理，2021，41（6）：1-4.

③ 张俊婕，等. 上海市徐汇区新型冠状病毒肺炎预警指标体系构建［J］. 中国公共卫生，2020，36（12）：1767-1770.

④ 管晴，等. 安宁疗护中医务社工服务评价指标体系研究［J］. 中国农村卫生事业管理，2022，42（3）：219-223.

⑤ 张先庚，等. 基于德尔菲法构建初级医养结合老年护理人才岗位胜任力评价指标体系［J］. 解放军护理杂志，2022，39（3）：24-27.

⑥ 孙欣然，等. 基于德尔菲法和层次分析法的功能社区家庭医生签约服务项目体系及权重研究［J］. 中国全科医学，2002（8）：1-7.

⑦ 许群，赵崇乐. 体旅产业融合发展下我国冰雪特色小镇建设评价体系构建研究［C/OL］//第十二届全国体育科学大会论文摘要汇编：专题报告（体育产业分会）. 2022：241-243. https://cpfd.cnki.com.cn/Article/CPFDTOTAL-ZGTK202203003118.htm.

⑧ 赵赛赛，等. 国家卫生城市创建影响评价指标体系研究［J］. 现代预防医学，2022，49（6）：1082-1085.

⑨ 王灵芝，等. 贵州省中药民族药企业可持续发展能力评价指标体系研究［J］. 中国药房，2020，31（6）：646-650.

⑩ 齐国舟，厉华. 德尔菲法在工程造价各阶段的应用研究［J］. 建筑经济，2021，42（S1）：92-95.

色模糊物元理论风险评估方法[①]；在高速路建设中，德尔菲法也发挥了重要作用[②]。在政府购买服务方面，利用德尔菲法，学者们构建了包括事前决策评估、事中控制评估和事后绩效评估的政府购买公共服务全过程评估指标体系[③]。在科学技术发展方面，学者们运用德尔菲法评估各领域中长期研发计划中的核心技术，了解与主要竞争对手的技术水平差距并制定有针对性的研发战略，为国家制定中长期研发战略和投入优先顺序提供依据[④]；有学者综合运用德尔菲法和主成分分析法，构建出适应“新零售”趋势和中国情境的零售企业供应链 KPI（关键绩效指标）指标体系，并将企业业态、产品品类等多层面与美国类似行业进行对比分析，得出了有益的结论与启示[⑤]。在平台构建方面，学者们运用修正版的德尔菲法对评估指标进行两轮筛选，形成正式的评估指标，运用层次分析法，确定每一个评估指标的相对权重，形成了一套完整的“青年之家”实体平台运行评估指标体系[⑥]。也有学者针对创新资源共享平台建设和管理的实际需求，根据创新资源与企业绩效评价的特点，利用德尔菲法进行两轮绩效评价指标专家咨询，从相关性、平台构建及应用情况、创新性、直接应用效果和间接应用效果五个方面构建了创新资源共享平台应用效果绩效评价指标体系[⑦]。

---

① 张何，朱庆庆. 基于灰色模糊物元理论的中承式系杆拱桥施工风险评估［J］. 公路，2021，66（5）：229-233.

② 张文静，等. 新型定性与定量融合分析的高速公路主题形象定位方法研究［J］. 公路，2020，65（8）：243-248.

③ 彭文敏. 政府购买公共服务评估指标体系研究：基于全过程评估的视角［J］. 技术经济与管理研究，2021（7）：86-91.

④ 叶京，冷伏海. 韩国技术水平评估方法分析及启示［J］. 科技管理研究，2021，41（6）：55-62.

⑤ 李琦. “新零售”下我国零售企业供应链 KPI 体系的构建与应用［J］. 商业经济研究，2020（24）：121-124.

⑥ 李秀峰，祝军. 共青团“青年之家”实体平台的评估指标体系研究：基于德尔菲法和层次分析法的应用［J］. 中国青年社会科学，2021，40（2）：28-39.

⑦ 魏亚运，等. 创新资源共享平台应用效果绩效评价研究：以科学仪器制造行业为例［J］. 科技管理研究，2021，41（3）：40-45.

3 国外居家养老服务模式介绍

3.1 美国

美国于20世纪40年代进入人口老龄化社会。美国的养老服务由政府为老年人提供，是以服务组织、机构为主导，机构服务、社区服务和居家服务相结合的公共服务。在美国，各州均设有州一级的老龄工作机关（State Units on Aging，SUAsO）及老龄工作地方机构（Area Agencies on Aging，AAAs），前者负责统筹各项服务计划、管理州和地方的老龄工作，后者为非营利性政府机构或社会组织。美国的居家养老主要依托其医疗保险制度，利用医疗保险支撑居家养老发展。美国医疗保险体系主要包括 Medicare 和 Medicaid 两部分。Medicare 是面向年满65岁及以上老人或未满65岁的残疾、失能等特殊群体的全国统一医保制度。Medicaid 是联邦政府主办、州政府实际管理，覆盖65岁及以上残疾人、有幼儿的家庭以及收入在贫困线以下老年人的医疗服务救助制度。各州政府有权根据本州收入水平自主确定 Medicaid 的标准和覆盖面，联邦政府只负责提供部分经费。美国居家养老资金主要来源于医疗保险制度，Medicare 和 Medicaid 每月给符合条件的老年人提供补贴，其余部分通过个人储蓄、慈善捐款以及社会救助等渠道解决。美国社区面向中、低收入老年人提供部分免费服务，收费服务项目根据规定由保险公司或个人负担。

美国长期照护按场所分为三类：第一类为机构服务，例如护理院、继续照料退休社区、临终关怀机构、协助居住等服务；第二类为社区服务，包括日间照料中心和老年人家庭服务；第三类为居家服务，是美国老龄管理局为居家养老的老年人及其家人提供的一项公共服务。

3.1.1 美国居家养老服务的法律规范

美国最早对养老服务事业做出法律性规范始于20世纪30年代。当时正值经济大萧条时期，美国政府为了刺激经济增长，开始干预经济，其中包括发展养老福利事业以带动经济发展。1935 年，美国国会颁布《社会保障法》，美国开始实行养老保险制度。1965 年，美国颁布《美国老年人法》，同年 7 月美国政府以《社会保障法修订案》的形式通过了老年医疗照顾和低收入人群医疗救助。1965 年，美国国会通过了《医疗保障法案》，授权政府建立社会医疗保险，包括针对退休老人和残疾人的医疗照顾保险以及针对低收入人群的医疗补助，对美国的老年人福利制度进行了详细规定。从各项法律法规的内容来看，美国的养老福利政策主要偏重于社会救助，主要关注贫困老年人群体以及少数族群老年人的养老服务。受到自由主义思想的影响，美国政府鼓励美国老年人依靠自己的力量养老。

1997 年，美国出台《平衡预算法案》，提出 PACE 计划（The Program of Allinclusive Care for the Elderly），即全面医疗照顾。该计划以老年医疗保险为基础，规定参加计划者必须是年满 55 岁、居住在 PACE 服务区内、被州政府相关机构鉴定为体弱多病、具备入住护理院资格的老人。这个计划主要针对患有慢性病的老人缺乏长期照护的问题，在这些老人基本保险服务的基础上，由政府资助，再为这些老人提供额外的居家养老服务，满足这些老人的真实需求。其服务内容主要分为医疗服务和社区服务两个方面。医疗服务指老人的治疗以及预防性、恢复性、治愈性和护理性服务。社区服务包括病历管理、老人日间照顾、家庭健康扶助、个人照料、杂务服务等各方面。社区普遍设立家庭保健中心、老人活动中心，提供免费教育，开展老年人志愿者服务。政府在社区为居家老人安装了电子应急系统，能够处理紧急情况。PACE 项目经费主要来源于医疗保险和医疗救助，每个月给符合条件的老人支付救助资金。符合医疗保险条件，但不符合医疗救助条件的参加者，自行支付服务费中的差额部分。社区服务项目一部分免费，收费的服务项目需由个人付款及在各种保险计划中开支。

美国居家养老服务的发展离不开完善的养老服务体系。一是由政府、公益组织和私营机构组成的多层次养老服务体系。政府资助包括对老人的住房补助、医疗补助和居家养老项目补助。除政府外，美国的公民社会也为居家养老提供了庞大的服务队伍。美国拥有世界上最大的非营利性质的老年照顾机构和数量最多的义工队伍，为居家老人提供膳食和护理等服务，是对政府行为和商业机构的有力补充。二是由社保、商业保险和个人理财组成的养老服务支付体系。美国政府提供的养老金只为退休人员提供基本生活保障，一般只占退休收入的 40%左右，更多的老年人通过购买保险和个人理财方式支付剩余的养老费用。为了晚年生活更有保障，美国老年人在退休前就会规划各种理财方案。美国联邦政府的401K退休计划规定雇员和雇主共同缴费建立退休账户，员工自选金融理财产品进行长期投资，到退休后员工即可分期领取账户养老金。三是美国发达的直接融资体系及严格的政府预算管理制度，保证了养老产业发展的规模化和规范化。美国直接融资市场较为成熟，直接融资占整个金融市场的比重达90%以上。其中，房地产信托投资基金是养老地产的主要融资方式之一。

3.1.2 美国居家养老服务模式

3.1.2.1 按照养老需求的不同层次分类

老年人的需求不同，政府根据不同的需求提供不同的养老模式，基本包括不需要家庭医疗护理的模式、日托护理、日常生活协助、养老院护理、家庭健康护理、社区护理等模式。

最基本的社区居家养老模式包括了生活自理、生活协助、持续护理、特殊护理这几种类型。通常由社区、护理机构与医院联合为社区需要养老的老年人提供综合性的养老服务。比如定期为社区的老年人提供体检、卫生保洁、交通、餐饮、休闲娱乐等服务。如果在社区生活的老年人超过了80岁，且没有重大疾病，但是年纪太大，需要照顾，社区会提供包括餐饮、娱乐、保洁、维修、应急、定期体检等基本养老服务。如果老人患有某些特殊疾病，比如阿尔茨海默病或者有些需要进行长期药物治理的疾病，老人还可以通过付费的方式来获取这些服务。在协助型社区里面，主要是为老年人提供必要的基本医疗服务，比如定期测量脉搏、体温，观察呼吸道系统以及协助使用呼吸机等医疗设备。如果老人患有一些慢性疾病，或者需要手术后的一些恢复训练，或者记忆功能丧失等，通常社区会配备护士来进行特殊的医疗服务。这种协助型社区，为老人的生活提供了一个更为舒适、安全的生理和心理社会环境。社区内有洗澡间、厨房和公共食堂，还有清扫屋子的工人和服务人员，也提供交通工具。

流行于美国阳光地带的是生活自理型社区。如佛罗里达州、得克萨斯州、新墨西哥州、亚利桑那州、加利福尼亚州等南部各州，那里阳光充足，气候适宜户外活动、物价低廉，吸引了全美各地的老人在退休后到此定居。生活协助型社区在过去几年发展最快。这类社区占到了全部养老社区的50%以上。持续护理退休社区在全美有将近2 000处，但是约有八成被非营利组织所拥有，而且有很大一部分这种类型的社区是从养老院转型而来的。

3.1.2.2 美国的其他养老模式

第一，自然退休状态的社区养老模式。这种类型的社区一开始并不是专门为老人设计的，最初并没有为老人提供专门的养老社区服务。自然退休社区形成的原因是一些年龄相仿的美国人在年轻时或中年时在某地购买房屋，到了老年时还未搬离社区，自然形成了某一社区中聚集了众多老人的情况。第一个自然退休社区养老模式是在纽约市的宾州社区。这之后，很多地方开始效仿纽约宾州社区的这种养老模式。有些社区根据老人的分布特征，通过社区与本地多个养老服务的供应商建立合作关系，比如与当地的医疗机构、家庭护理组织、企业等，通过合约方式，为该社区的老人提供综合养老服务。社区的工作人员会让接受这些服务的老人们对他们的工作提出要求或者建议。社区组织的重要任务是帮助老人们避免在养老过程中产生各种不必要的矛盾，比如家庭养老与社会养老之间的矛盾等。

第二，“村庄”养老模式。这种模式最早是由波士顿的一个基层社会组织创建的。“村庄”不仅可以为老人们提供医疗保健服务，还可以为老人们提供文化、社交、健身、上门维修等服务。在“村庄”养老，可以使老人几乎足不出户就享受社区中的各项服务。目前这种模式已经被推广至美国东西海岸，有 12 个“村庄”正在为老年人提供各项服务。“村庄”的养老模式主要有以下特点：一是“村庄”的地理位置在城市周边或农村地区，涵盖了老人居住的各种场所。二是老年人可以享受“一站式”购物社区服务。三是以向老人收取会员费的模式为老人提供服务。对于低收入和中等收入的老人，“村庄”也会通过提供奖金或者降低贷款利率来为老人提供优质服务。四是定期和不定期地向老人们提供一些有用信息，比如购物信息和交通信息。五是在提供一些自费服务的过程中，比如提供家电维修、护理服务、保养服务等，村庄管理委员会将会与服务供应商进行协商，给予老人们相应的折扣，折扣比率一般为 20%，这样可以适当减轻老人们自费购买服务的负担。六是在社区成立各种志愿者服务组织，招募一些低龄老人，让老人们参与其中。七是社区为了丰富老人的生活，还会为老人们提供一些兴趣班、运动项目以及文化娱乐活动等。

第三，校属退休社区养老模式。该模式将高等教育机构与养老服务结合在一起。美国的高校里面，有近 80 个学院或者大学为老人设计了终身学习的公寓或者学习宿舍，提倡终身学习的理念。这些高校在规划这类社区的时候，重点会考虑学术方向，为老人们提供一些正规的课程，比如提供护理方面的课程。学校在寻找开发商的时候，不仅注重开发商的资质，还希望开发商和学校一起共同建设该类社区。在这种社区，老人们不仅可以学习一些与护理等相关的课程，还可以在高品质的大学附属医院接受高质量的卫生保健服务。这种校属社区不是自发形成的，而是高校结合自身的特点，与开发商有计划地建成的。该类社区为了丰富老人们的精神文化生活，会有意识地提供一些课程、演讲和文化活动，让老人们不仅可以参加学术活动，还能够与社会重新接轨。比较典型的校属社区的实践开始于马萨诸塞州的拉塞尔学院。该学院在2000年重新开放拉塞尔村庄。该社区为在校学生与老人们提供了交流的机会，既可以让学生们了解老人们丰富的人生经历，也可以让老人们受到新生代年轻人的学术思想的影响。该社区还专门设立了代际研究中心，通过研究发现老人们的需求，更好地为老人们提供养老服务。这类校属社区，最大的特色在于老人们不只是在养老，而且可以通过继续教育学习以及与年轻人的沟通，让老人们始终感觉自己融入了社会，让老人的养老变成了自我参与和接受服务相结合的模式。这种新型模式，推动老人参与社区的各项活动，使老人能够与社会重新融合，与其他人建立互动的社交关系。

3.1.2.3 美国居家养老服务的特点

第一，为老人提供各项丰富的养老服务，包括日间护理中心、廉价营养午餐、老人服务中心等。

第二，提倡以老助老。社区会雇用一些尚有劳动能力且收入较低的老人去帮助生病的、年龄更大的等各种有需要的老人，包括陪护、照料、做饭和付账等。

第三，为高龄老人提供雇佣项目。社区为55岁及以上且经济条件困难的老人提供工作岗位。老人在体检合格、完成在职培训和其他相关服务培训后，就可以在社区内的医院、学校、老人服务中心等单位兼职，可领取一定量的工资补贴家用。

第四，重视志愿者组织的作用。美国政府十分看重非营利性的志愿者组织的作用，政府通过扶持培育第三部门来承担养老服务的具体事务。美国的志愿者服务群众基础广泛，志愿者通常来自各个行业，包括退休人员、在校学生、艺术家、公务员等。志愿者进行的社区老年服务通常包括照料老人、家庭纠纷调解、医疗保健、助老购物、再就业培训、定期探望、电话陪聊等。

第五，美国居家养老服务项目与内容。美国在1997年出台的《平衡预算法案》中提出了PACE项目。PACE项目建立在医疗保险制度基础上，为体弱多病的老人提供全面的医疗相关服务，主要包括急病诊治、住院治疗、医疗护理等服务。前文已有详细介绍，不再赘述。

为鼓励老人尽可能长时间在家养老，美国政府为老人提供了老年扶持项目，包括老年营养项目（Elderly Nutrition Program，ENP）和家庭照料者支持项目（National Family Caregiver Support，NFCSP）。老年营养项目主要包括生活照料型和医疗保健型两种，服务内容包括支持服务（购物、做饭、洗浴、交通等）、医疗护理、长期治疗、临终关怀、健康宣教、法律援助等。家庭照料者支持项目主要为受照料者提供个人咨询、服务信息、培训等服务，以及暂离休假（喘息服务）等服务。

此外，社区还为居家老人提供活动交友、人身安全保护、住房改造等服务。为了方便老年人选择个性化的居家服务项目，美国的 Home Health Compare 网站将全国范围内已通过医保认证的家庭健康服务机构及其护理服务质量等信息予以公布。老年人及其照护者可以直观地了解和对比服务机构，结合医生的意见，选择居住地附近、适合自己健康状况和经济状况的服务机构与服务。服务费用依据服务使用者的经济状况及服务种类而定，通常由个人、医疗保险及其他个人资金方案（如长期护理保险、反向抵押贷款、年金等）共同支付。

3.1.3 美国居家养老经费来源

通常而言，各国在开展居家养老服务时，资金的筹措主要来自家庭、政府、市场以及社会组织等。美国深受自由主义思潮影响，政府在养老服务体系中仅仅承担辅助性的责任。美国政府往往通过政府购买公共服务等方式为贫困老人提供服务。除了家庭对老人养老提供一部分资金支持之外，市场和社会组织承担了很大一部分居家养老的经费。美国在养老服务上引入市场机制，由各类营利性组织为老人提供服务。还有不少发展成熟的美国社会组织（非营利组织）为老年人提供各项服务。在各类老年人服务机构中，社会组织（非营利组织）占到服务机构的 25%以上。

3.1.4 美国居家养老成本

美国养老服务模式可以分为如下几种：无医疗家庭护理、家庭健康护理、日托护理、日常生活协助、养老院护理、社区护理。不同模式，其养老成本也有所不同。无医疗家庭护理模式，护理人员通常每周会看护老人 2~8 小时。全国平均成本是 20 美元/小时，根据各州的不同，成本范围在 15~26 美元/小时。家庭健康护理模式，全国平均成本是 20 美元/小时，根据各州的不同，成本范围在 16~27 美元/小时。日托护理模式，护理人员会在白天提供看护以及社交活动的服务，全国平均的成本是 69 美元/天，根据各州的不同，成本范围在 35~124 美元/天。对于日常生活协助模式，成本主要由基本月付费用和额外附加费用两部分组成。基本月付费用全国平均的成本是 3 600 美元/月，根据各州的不同，成本范围在 2 525~5 745 美元/月。老年痴呆症患者需要支付的额外费用大约是 4 800 美元/月。养老院护理全国平均的成本是 220 美元/天，根据各州的不同，成本范围在 140~771 美元/天。社区护理模式成本主要由一次性费用和每月费用两部分组成。一次性费用是每年 60 000~120 000 美元，每月费用成本范围在 400~2 500 美元。详见表 3.1。

表 3.1　2015 年美国老年人护理平均成本　　单位：美元

老年人护理类型	每小时成本	每天成本	每月成本	每年成本
无医疗家庭护理	20	160 （8 小时）	3 520 （22 个工作日）	40 000 （250 个工作日）
家庭健康护理	20	160 （8 小时）	3 520 （22 个工作日）	40 000 （250 个工作日）
日托护理	—	69	1 518 （22 个工作日）	17 250 （250 个工作日）
日常生活协助	—	120	3 600 （30 天）	43 200 （12 个月）
养老院护理	—	220	6 600 （30 天）	79 200 （12 个月）
社区护理	一次性费用是每年60 000~120 000美元，每月费用成本范围在400~2 500美元			

在美国的长期护理中，根据不同的护理选项类型可以分为家庭护理选项、社区选项和设施选项三种。家庭护理选项包括家庭主妇和家庭健康助手，家庭主妇是指协助烹饪、清洁和跑腿，家庭健康助手是指手上护理，协助洗澡、穿衣、吃饭和用药等。社区选项是老人日间服务，指在社区环境中提供的社会和支持服务。参与者可以参加计划好的活动，并有看护者照顾他们。一些计划还包括个人护理、交通、医疗管理和膳食。设施选项包括辅助生活设施和疗养院。辅助生活设施是指在住宅设施中提供的个人护理和健康服务，护理范围不如疗养院广泛，人们在不需要全天候护理时会考虑辅助设施。当人们在日常活动中需要更多帮助时，疗养院会提供更高水平的监督和照顾，全天 24 小时在现场提供个人护理、住宿、监督、药物治疗、治疗和康复帮助。具体的护理费用如表 3.2 所示。

表 3.2　美国长期护理成本趋势（2020—2021 年）

服务类型	费率类型	2021 年 成本/美元	2020 年 成本/美元	同比增长 /%
家庭主妇	每小时	26	24	8.33

表3.2(续)

服务类型	费率类型	2021 年成本/美元	2020 年成本/美元	同比增长/%
家庭健康助手	每小时	27	24	12.5
老人日间服务	每日	78	74	5.41
辅助生活设施	每月	4 500	4 300	4.65
疗养院半私人房间	每月	7 800	7 650	1.96
疗养院私人房间	每月	8 910	8 700	2.41

资料来源：笔者根据 Genworth 2017—2021 年护理成本调查的数据自行整理获得。参见网址：https://www.genworth.com/(2020-2021).

3.1.5 美国居家养老模式发展中存在的问题

所有上述社区居家养老模式，都旨在让老人留在自己的家园和社区里接受更好的养老服务。社区努力协助老人保持独立，为社区发展做出贡献。但是，实践中仍然存在一定的问题。

3.1.5.1 贫困老年人接受服务困难的问题

许多已确立的居家养老社区实行会员制，入会的门槛较高，只有生活水平相当高的老年人才能承担高昂的会费。例如村庄和校属社区位于相当富裕的社区，那里的居民能支付会员费。对于低收入和中等收入的老年人来说，他们难以负担高昂的服务费。部分养老社区的目标人群是低收入老人，这些低收入老人的养老费用，通常通过一些私人基金会来募集，但是由于私人基金会募集善款的不确定性，有时候并不能完全提供老年人养老所需资金。私人基金会在帮助低收入家庭进行养老资金募集时，哪一种模式更能实现资金的可持续性，也值得进一步研究。

3.1.5.2 地方文化和语言的多样性问题

美国是一个移民国家，美国的文化具有多样性。在许多社区，由于退休老年人来自世界各地，拥有不一样的养老文化，这就导致了社区养老中会出现一些文化差异带来的问题。为了避免这种文化差异形成的社区养老问题，很多地区出台了一些包括语言培训或者文化交流项目在内的多形式的社区养老服务项目，以期让更多拥有不同文化背景、不同语言背景的老年人，能够在社区享受更加优质的养老服务。

3.1.5.3 如何调动老年人自主性问题

许多居家养老社区所需要的资金来自外部支持，而其负责人往往是比较有经验的老年护理专业人员。对于创建领导组织机构，大家的意见不一致。老年人参与社区管理对于老龄化区域的人口增长和社会可持续发展来说很关键。老年人能够在专业的老人保健护理人员中发挥的作用是比较大的，一般老年人之间能够了解老年人的心理需求和想法，并且能够相互帮助。老年人参与社区管理并成为社区管理的领导者，能够发挥老年人的积极性。

3.2 英国

3.2.1 英国居家养老服务的法律规范

在社区照顾的基础上，20 世纪 80 年代，英国的“福利国家”社会保障制度不断发展。受到社区照顾思想的影响，英国逐步形成了一套社区照顾老人的模式。英国政府通过一系列的法规制度，对老年人的社会保障进行了规定。

1948 年，英国政府颁布《国民救助法》，“为所有由于年龄、虚弱或其他任何情况而需要照顾的人，提供居所照顾”。1968 年，英国政府颁布《卫生服务和公共卫生法》，对日间照顾中心相关行为进行了规范，同时也规定了短期入院服务的内容，引导各种资源进入社区为老年人提供社区养老服务。从 20 世纪 80 年代开始，英国政府在提供养老服务中的角色不断发生变化，由更多地提供直接服务，转变为更多地为养老服务提供间接的支持，比如政策支持、服务监督等①。

3.2.2 英国的养老模式

根据老人需求的不同，通常可以分成五个层次的养老服务模式。

第一，居家基本养老。这种模式主要适合那些生活基本能够自理的老人，这些老人尽管行动不太灵便，但是仍然能够自己在家中生活。他们所需要的居家养老服务的内容，主要包括上门助浴、煮饭、理发、室内保洁等。由于这些老人仍然居住在自己熟悉的社区，可以维持自己既有的社会关系，所以这些老人大都能够安享晚年。在这些社区提供居家养老服务的人员（机构），包括了

---

① 张晖.“居家养老服务”中国本土化的经验审视［J］. 西北大学学报（哲学社会科学版），2013（5）：140-146.

政府工作人员、志愿者和一些与社区有服务协议的社会组织、护理组织。提供居家养老服务的收费标准，都统一由当地政府进行规定，一般都比市场上同类服务有更大的折扣，老人基本都能够负担得起。如果确实有老人难以负担自己的养老费用，当地政府一般会给予适当的补贴。

第二，家庭照顾养老。这种模式主要适合在家养老但是生活完全不能自理的老人。这些老人常年卧床不起，需要子女进行全面照顾。政府为了给这些全面照顾老人的子女一些支持，对于这些卧床在家养老的老人们，发给和在养老机构接受全面照顾服务老人一样的补贴。这样就可以适当缓解子女在照顾老人过程中产生的经济压力，保证老人以及全家的生活质量。

第三，老年公寓养老。这种模式主要适合没有子女照顾的老人，这些老人通常都有自理生活的能力。政府为这些老人提供两居室的公寓，配备较好的生活家电设施，比如电视机、洗衣机这些。这些公寓通常还配备紧急呼叫系统，这个系统与社区控制中心连接，为老人们提供紧急呼救服务。这类老年公寓的租金通常较低，而且数量非常有限，政府会严格审核入住标准，对申请入住的老人进行详细审核，以保证确实有需要的老人入住这类公寓。

第四，托老中心。这种模式属于典型的机构养老，包括了敬老院、老人院、托老院等，还包括暂时托管中心。暂时托管中心是一种临时短期性质的养老机构。该中心设置的主要目的是让长期照顾老人的子女们有放松休息的时间。有很多子女长期照顾生病瘫痪在家的老人，很容易感到身心疲惫。为了让子女们能够适当放松身心，缓解照顾老人的疲惫，政府专门设计了老人暂时托管中心。如果这些长年照顾老人的子女想出去旅行散心一段时间，可以委托暂时托管中心代理照顾老人一段时间，这个时间可以是几天、几周，但最长不能超过一个月。这种暂时托管中心，在两周以内提供免费照顾，超过两周则需要支付相应的费用。老人院通常适合已经完全没有自理能力且又没有子女照顾的老人。当老人自己还有自理能力，能够自己生活的时候，可以选择居家养老。但是当老人完全丧失自理能力后，则被安排入住老人院进行照顾。

第五，社区老年活动中心。这种中心通常由当地政府出资建设，一般按照社区居民数量以及老龄人口比例来进行设计。通常社区老年活动中心为本社区老年人提供丰富多彩的娱乐活动，中心的雇员基本上都是政府工作人员，也有一些志愿者参与中心的老年服务工作。这些老年活动中心通常为本社区 60 岁及以上的老人提供服务。如果老人行动不方便，每天会由老年活动中心安排专车去接老人们来老年活动中心参加各种文化娱乐活动，晚上再安排专车送老人们回家。

除了由政府提供的养老服务以外，英国还存在大量的以营利为目的的养老服务机构。老人们可以根据自己的消费能力，选择一些提供高档养老服务的机构。这些机构与政府提供的各种养老服务模式一起，构建起了英国比较完善的养老服务体系。

3.2.3 英国居家养老服务资金来源

英国的居家养老分为两部分内容，一是日常健康照顾，二是日常生活照顾。这两个部分的资金分别来源于中央和地方政府的财政资金。英国属于福利国家，基本上实现了全民免费医疗，老年人的日常健康照顾资金，主要由中央健康部门负责提供，采用财政拨款方式实现。日常生活照顾的资金主要来源于地方社会服务部门。日常生活照顾又分为社区照顾和机构照顾。这些照顾通常由地方的志愿者机构等通过与当地政府签订合同的方式来实现。资金拨付由中央财政转移支付给地方财政，地方财政再向相关服务机构支付。

英国的养老服务涉及政府购买服务、志愿者机构等组织提供服务、老人享受服务，这三个环节表现出服务的购买者与享受者（或者服务使用者）相分离的情况。政府通常与提供服务的志愿者机构等签订合约，采用政府购买这些志愿者机构服务的模式，为老人们提供养老服务，形成了一个由政府、志愿者机构等组织和老人组成的养老服务体系。

3.2.4 英国居家养老服务的发展

英国的养老服务经历了一个由机构化向社区化转变的过程。为了让更多的老人在晚年享受的养老服务更加贴心或接近家中的环境，发展出了社区照顾养老服务模式。在社区照顾养老服务发展的过程中，社会工作者扮演了重要的角色，政府大力培养、发展进入社区提供养老服务的社会工作者，并且聘用他们进行社区养老服务，使社会工作者变成了老年人的照顾者，不仅提高了社区养老服务的质量，让老年人接受家门口的服务，而且也提供了更多的社区工作岗位。引入专业化社会工作者为社区居家养老提供服务，促进了整个社会养老体系的发展。

同时，英国居家养老服务内容中“预防性健康照护”也值得借鉴。预防性健康照护，主要由家庭医生扮演社区养老生活的第一接触者的角色，维持基本的健康照护；除此之外，还有社区护士、区域护士、健康家访员、社区精神护士、心智障碍者护士等在社区范围内提供的专业照护。因此，英国居家养老服务为老年人提供了健康照护和社区照护两个范畴的服务选择。

3.3 日本

3.3.1 日本养老服务的基本情况

日本是世界上65岁及以上人口占比最高的国家。在日本，人口老龄化速度一直在加快，20岁及以下人口与65岁及以上人口的比重急剧下降，从1950年的9.3下降到预测的2025年的0.59。根据日本总务省人口普查部门公布的数据，截至2018年底，日本65岁及以上老龄人口的数量占比约为28%①，而到2040年，这一群体将占全国人口的三分之一以上。作为世界上人口高度老龄化的国家之一，日本以前所未有的速度进入深度老龄化阶段，成为名副其实的“银发社会”②。更为严峻的是，日本人口数量一直呈现减少的趋势，日本国家社保与老龄化问题研究中心预测数据显示，到2060年，日本总人口将从现在的1.2亿缩减到0.86亿，65岁及以上老龄人口占比将超过40%。人口老龄化与低生育率两大问题并存，加重了日本养老问题的经济压力和社会压力。与我国相似的是，日本有着强烈的传统家庭意识，认为老年人应该在家庭照顾中安享晚年生活。随着老龄化程度的加深与劳动力人口的锐减，照料老年人的晚年生活为整个家庭带来了沉重的负担，这一现象甚至被某些学者称为“照料的黑暗”（care giving hell）。很多家庭劳动力特别是女性，选择辞职以照料家中的老人，社会劳动力进一步减少。这其中，相当一部分养老专业护理人员也因传统观念中“有义务在家照料老人”而退出养老服务护理行业，导致养老服务领域专业人员逐步匮乏。不仅如此，随着65岁及以上老龄人口的数量显著增加，日本政府同样面临巨大的财政压力。2016年，日本医疗财政支出约为42万亿日元，其中30%以上被用于老年群体，这一数字预计到2025年将增长到62万亿日元。日本人口老龄化及由此带来的养老问题是世界上其他国家所没有经历过的，养老服务财政负担不断加重，迫使日本政府必须创新和改善现有的养老服务制度，长期护理制度（long-term care system，LTC）应运而生。

日本长期护理制度的建立，除了与日益增加的财政压力有关外，还有两个重要原因。一是家庭照料单一性导致养老风险增加。在长期护理制度建立之前，日本尚未建立完善的公共护理系统，单个家庭承担了老年人绝大部分的养

① 参见：http://www.stat.go.jp/english/data/jinsui/tsuki/index.html.

② NAKANE J, FAREVAAG M. Elder care in Japan [J]. Perspectives, 2004, 28 (1): 17-24.

老责任，养老服务主要依靠家庭提供，养老服务模式的单一导致老年人的生活质量有所下降，老年人被忽视和虐待的案件不断增加。一项日本政府养老调查发现，有近三分之一的家庭照料者表示照料老人的压力让他们经常产生压抑的负面情绪，这也增加了老年人受伤害的概率，老年人的生活质量无法得到保障。二是日本普遍出现了“社会化住院养老”现象，很多老年人长期居住在医院。这不是因为健康等任何医疗原因，而是因为他们无法在其他任何地方得到专业化的养老服务。“社会化住院养老”现象不仅导致了医疗资源被无效占用，更进一步加剧了养老、健康、医疗之间的社会矛盾。鉴于上述原因，日本政府于1997年出台了老年人长期护理制度，并于2000年开始正式实施，旨在“建立一个回应全社会最为关注的老年人护理方面的系统工程，让老年人得到全社会的支持和帮助”。这项系统工程也是目前日本最重要的养老服务制度。

3.3.2 日本养老服务体系概况与法律规范

日本是全世界人口老龄化程度最深的国家。2013年的人口普查数据显示，日本65岁及以上的人口占总人口的25%，并且这个比例预计在2060年会上升至40%；高龄老人的比例，即75岁及以上的人口将从2010年的11%上升至2060年的27%；青年人（年龄段在0~19岁）从1960年的40%下降至2010年的18%，并预计在2060年下降至13%。

为了解决人口老龄化问题，日本建立了较为完善的社会保障体系。1947年施行的《日本宪法》第二十五条确立了发展社会保障体系的基本准则，这也成了二战后日本建立社会保障体系相关法律的基础。1947年，公共养老金以及健康保险被扩展至更多人群，并且在1961年被扩展至全体公民。《老年福祉法》在1963年开始实施，并且与其相关的各项福利系统也不断得到加强和完善。为了应对愈来愈严峻的人口老龄化形势，日本政府自20世纪90年代以来开始改革养老金以及健康保险系统。为了满足老年人长期护理的需要，长期护理保险法案应运而生。

20世纪90年代，日本厚生省开始推行就地养老，这种养老模式鼓励老人对自己居住的房屋进行适老化改造，在熟悉的居住地进行养老。在这种模式下，由于老人不离开现有居住地，他们对现有居住环境非常熟悉和了解，有利于老人养老。就地养老模式的提出，让日本各地政府开始关注居家养老，各种政策和配套措施相继出台，为日本居家养老的发展提供了政策支持。

日本养老体系的经费来源主要是社会保险以及税收。表3.3列举了日本老年人社会保障的三种主要形式、资金来源以及给付形式。

表 3.3 老年人社会保障形式、资金来源以及给付形式

形式	资金来源	津贴给付形式
公共养老金	社会保险	现金
长期护理保险	社会保险	非现金
老年人服务（长期护理保险覆盖内容除外）	税收	非现金

表 3.4 是日本养老法律归纳。

表 3.4 日本养老服务法律

1947 年	《日本宪法》
1963 年	《老年福祉法》
1973 年	《老年人免费医疗制度》
1982 年	《老年人健康医疗服务法》
1995 年	《老龄化社会服务措施基本法案》
1997 年	《长期护理保险法》
2000 年	《介护保险法》①
2008 年	《高龄老人护理法案》（针对 75 岁及以上老人的新保险法）

3.3.3 日本养老模式的发展

日本基本上也实行了大部分欧洲国家的“属地养老”原则。这种原则倡导老年人在自己家中或者自己熟悉的社区进行养老。日本比较倡导同居式家庭养老、分居式家庭养老、社会化养老这三种家庭养老模式。社区往往承担社会化养老的大部分功能。日本的社区养老服务人员包括管理员、专业工作人员和照顾员，专业工作人员和照顾员很多是志愿者，这些志愿者一般都经过养老服务的专业培训，能够提供包括老年保健咨询、家庭访问护理的服务。以社区为核心的社会化养老，当前已成了日本养老的新趋势。

3.3.4 日本居家养老服务

日本居家养老服务体系主要以日本的长期护理保险为基础。日本于 2000

① 邓大松，王凯. 国外居家养老模式比较及对中国的启示［J］. 河北师范大学学报（哲学社会科学版），2015，38（2）：134-139.

年4月1日起实施以1997年《长期护理保险法》为基础的《护理保险制度》。这是世界上首个推出的养老护理保险制度，是养老、医疗、失业等传统保险制度之外的专门应对超老龄社会的一大举措。想要加入这个护理保险的老人，在申请护理服务的时候，需要遵循一定的程序和流程：第一步，提出书面申请。老人们出现护理需求时，需要向长期护理认可审查委员会提出自己的申请。第二步，进行健康状况调查。长期护理认可审查委员会首先会听取老人的主治医生的意见，然后长期护理认可审查委员会安排工作人员到老人居住的社区进行健康状况调查，对老人的身体状况进行走访，然后将搜集到的关于老人身体状况的资料采用软件进行分析，预测和推算出老人需要护理的周期，得出此次调查的结果。第三步，送审调查结果。工作人员将调查结果送长期护理认可审查委员会审核，长期护理认可审查委员会根据调查结果的分析情况，评估该老人是否需要提供护理服务以及所需要的护理等级。第四步，安排护理资金。长期护理认可审查委员会确定护理等级和护理补偿金额以后，对老年人拨付护理补偿金。第五步，复审和再评估。在拨付老人护理补偿金的半年后，长期护理认可审查委员会将再次对老人进行健康调查，并走访该老人所在社区，对其进行重新评估，根据老人的健康状况恶化程度，重新调整补偿金额，对老人发放护理补助。

在日本的养老体系下，老年人护理被分为七个等级，包括支援等级1~2、照料等级1~5。在其提供的长期护理保险中，还包含了预防服务和护理服务。预防服务主要针对处于支援等级1~2的老年人，护理服务主要针对处于照料等级1~5的老年人。具体来说，预防服务的内容包括门诊服务、短期住院服务、家庭探访护理。护理服务的内容主要包括家庭帮助服务、日间护理以及服务机构提供的家庭密集护理、疗养院服务、社区服务（包括夜间家庭看护、老年痴呆症患者护理等）等。根据需要，老年人可以选择多种形式的服务。

日本长期护理保险的资金来源主要是保险费、公共财政以及参保人付出的费用。一般参保人负担10%的费用，其余费用由保险费和公共财政承担。保险费根据公民的年龄分成两类，第一类是40~64岁的公民需要支付的保费，第二类是65岁及以上公民需要支付的保费。除了参保人负担的费用外，其余部分的花费50%来自保费、50%来自公共财政（家庭护理服务：25%来自国家财政，12.5%来自都道府县财政，12.5%来自市级财政；机构护理服务：20%来自国家财政，17.5%来自都道府县财政，12.5%来自市级财政）。在这个保险框架下，市政可以决定第一类公民所需支付保费的费率。第一类公民所支付的费用主要根据公民的总收入增额或减额支付，2000—2002年平均为2 900日元每月，2012—2014年保费上升至4 972日元每月。对于第二类公民，费率是工资以及年金的1.55%。

日本居家护理的养老标准如表3.5所示。

表3.5 日本居家服务养老标准

护理等级	居家服务	机构短期护理服务	
		不可更换服务	可更换服务
支援等级1~2	6 150单位/月	1周/半年	6天/月
护理等级1	16 580单位/月	2周/半年	16天/月
护理等级2	19 480单位/月	2周/半年	18天/月
护理等级3	26 750单位/月	3周/半年	24天/月
护理等级4	30 600单位/月	3周/半年	27天/月
护理等级5	35 830单位/月	6周/半年	30天/月

1单位= 10 ~ 10.72日元（根据地区和服务不同，单位不同），可更换服务是指老年人可以根据自己的需要以及当地社区病床等资源的空闲程度将居家服务更换成机构病床护理。

具体而言，日本养老服务呈现出多元化趋势，既提供3个月以上的长期照料服务，又提供1~3个月的短期日托服务或者短托服务。在提供居家养老服务的过程中，服务人员还会不定期地对老人进行访问、咨询和指导，对老人在养老过程中遇到的困难或疑惑进行解答。日本的居家养老服务基本以社区为依托来进行，社区为附近居住的老人提供各种便捷而舒适的养老服务，比如提供日间照料中心、日托中心等，社区还可以提供短期看护服务，并且考虑到老人情况的多样性和变动性，社区还与其他一些养老服务机构建立了长期的合作。这种短期与长期护理相结合、社区与专业养老机构相结合的模式，共同构建起日本比较完善的居家养老体系。

另外，居家护理服务呈现出专业化的特点。20世纪90年代初期，日本为了吸引更多的人进入社会福利事业，颁布了《福利人才确保法》，该法律为从事社会福利工作的专业人员提供了保障。21世纪初期，日本为满足社区服务的精细化发展要求，打造了社区贴心服务，主要是社区老人夜间突发状况需要上门护理，以及老年人患有痴呆症需要日托照料等这些贴心服务，构建了以社区中心辐射周边的养老模式，周边半径往往在30分钟车程以内，以便能够及时满足社区老年人的具体服务需求。在社区中还配备了一些小型老年人护理设施，推行上门护理模式，这些都让社区居家养老的老年人感到服务更加贴心，让老年人享受了更好、更多的社会福利。

日本的居家养老服务内容呈现出多样性特征，既包括了日常生活照顾，也包括了心理慰藉的内容。为了避免老年人在社区养老过程中感到孤独，更好地排解老年人的寂寞感，很多城市设置了一些专门帮助老年人排解孤寂的课程，教给老年人一些舒缓情绪的基本方法。有些社区还不定期地采取志愿者心理疏导方式，针对居家养老的老人派遣志愿者，与他们进行沟通和交流，缓解老人的孤独感，有些城市的志愿者访员对老人的心理纾解访问，甚至达到了每周三次及以上的频率。对于这些访问志愿者的招募，很多社区采用年龄低于 70 岁的低龄老人作为志愿者，去访问年龄超过 80 岁的高龄老人的模式。这样，在志愿者访问过程中，由于都是老年人，容易进行心理沟通，使高龄老人感觉自己并不孤单。日本非常重视护理人员与接受服务老人之间的比率，一般都会按照 2 ：1 或 3 ：1 的护理人员与老人的比率，来提供社区居家养老服务。有些社区为了解决老年人居家养老过程中的精神孤独问题，还增设了专门陪老年人聊天的娱乐师，以便解决老年人的孤独问题。表 3.6 是日本居家养老服务项目。

表 3.6　日本居家养老服务项目

日间护理
长期护理
沐浴服务
康复复健
专业医疗护理
专业设备租赁
短期居住护理
居家医疗管理以及咨询
老年痴呆症患者护理

3.3.5　日本居家养老服务现状

（1）日本在发展居家养老服务中，不断完善国家的养老健康服务政策法规，以政府为主导，引导社会多方力量共同参与养老服务事业，形成了政府、养老机构、志愿者服务团队、社区、家庭和个人等多个利益相关者的综合养老服务体系。

（2）政府为了提高养老服务的效率，积极推进社会组织的培育与竞争机制，让更多的社会组织进入养老服务领域，为有困难的老人提供养老服务，充分发挥志愿者团队的力量，帮助处于弱势群体状态的老年人享受到均等的养老服务机会。

（3）由于老年人都有护理保险，所以老年人可以通过护理保险来支付养老护理的费用。日本要求所有国民都要加入护理保险，采用相同缴纳标准的方式，不会出现城乡差距。针对老年人护理涉及的专业知识，政府通过进行护理、医疗、预防、康复、心理及伦理等多学科的专业化培训，训练了一批具有专业护理能力的工作人员，以便为老人们提供护理服务。

（4）在市政、地方财政以及国家财政的支持下，日本居家养老服务系统得以顺利建立，并且在进行养老服务等方面卓有成效。居家养老服务得到推广之后，各项服务的使用次数明显增加，受惠人群比例显著增长，各地区享受养老服务的老人增加，同时各个护理等级的老人享受居家服务的比例也很高①。具体见表 3.7、表 3.8、表 3.9、表 3.10。

表 3.7　长期护理保险实施前后养老服务使用情况对比

服务项目	1999 年月平均	2000 年 11 月	2001 年 5 月
家庭探访服务	3 550 000 次	5 390 000 次	6 450 000 次
长期护理	2 500 000 次	3 400 000 次	3 840 000 次
短期住家护理	918 000 天	849 000 天	1 092 000 天

表 3.8　个人使用服务情况对比

使用服务人数增加率	使用服务人数不变率	使用服务人数减少率
67.5%	14.8%	17.7%

表 3.9　各地区使用服务人数增长率

地区	九州	横滨	名古屋	鸟取	津山
增长率	48.2%	30.9%	29.5%	47.1%	49.2%

表 3.10　居家服务使用比例（2000 年）

支援等级 1~2	护理等级 1	护理等级 2	护理等级 3	护理等级 4	护理等级 5	平均
54.2%	37.5%	42.6%	43.7%	43.9%	44.6%	43.2%

① 丁英顺. 日韩两国居家养老服务比较及启示［J］. 日本问题研究，2013（4）：60-66.

（5）强制推行长期护理保险制度，为居家养老服务提供可持续的资金保障。2000 年 4 月，日本实施强制性的全民长期护理保险制度，目的在于平衡和缓解政府在养老领域的财政负担，同时切实减轻日本家庭在养老服务中的资金压力。长期护理保险制度由个人保费+政府补助+使用者付费三部分组成，明确了各相关主体成本负担之间的关系，规定了日本 40 岁及以上成年人必须强制性缴纳长期护理保险，三方资金汇总形成养老资金池，为 65 岁及以上老年人获得医疗和护理服务提供资金支持。日本的长期护理保险制度是现收现付制①的，它将被保险人分为两类，一类是 65 岁及以上老年人，另一类是 40~64 岁的成年人。具体资金由 50%的保险费和 50%的一般税收收入组成。保险费部分，65 岁及以上老年人（第 1 类）缴纳的保险费占比 40%，40~64 岁的被保险人（第 2 类）缴纳的保险费占比 60%，65 岁及以上老年人（第 1 类）保险费从各级政府的养老金收入中扣除，40~64 岁的被保险人（第 2 类）保险费来自全国强制性医疗保险等。一般税收收入部分，中央政府财政资金需要出资 50%，其中的 10%作为“调整性转移支付”，以平衡各地方政府的财政状况差异，都、道、府、县等一级行政区②出资 25%，市一级的地方政府出资 25%。长期护理保险制度每三年修订一次保险费率，以维持各地方政府的预算平衡。

（6）分级资格认证+明确的资金支出方式，提高了有限的养老服务资源使用效率。长期护理保险制度规定了两类人可以享受由长期护理保险计划资助的相关服务，一类是 65 岁及以上的老年人，这类人群一旦获得官方认证，即可享受长期护理保险计划提供的服务；另一类是 40~64 岁的残疾人，也可获得享受服务资格。在 65 岁及以上的老年人提出居家养老服务和支援的申请时，必须通过专业化的认证和评估。资格认证和评估是全国统一且客观专业的。在老年人提出申请后 30 天内，以计算机等信息技术为核心的资格认证系统会对申请人 74 项日常生活（ADL）开展问卷调查并得出初步评估结果，根据评估结果将申请人归档到七个不同的等级。日本长期护理认可审查委员会将结合初步评估报告、申请人家庭医生报告以及医疗、卫生等领域专家意见，审查并确认申请人资格，最终确定申请人的护理等级。处于较低护理服务水平或者自身健康状况进一步下降的老年人需要每两年或者每六个月接受重新资格认证，通

① MARSHALL, GRAHAM R. Economics for Collaborative Environmental Management: Renegotiating the Commons [M]. London, UK: Earthscan, 2005.

② 日本的行政机构划分为中央政府，都、道、府、县等平行的一级行政区和每个都、道、府、县下设的若干个市、町（相当于中国的镇）、村。

过资格认证的老年申请者将会被分配到特定的护理等级，每一个特定的护理等级对应着相应的资金支持和长期护理服务。七个护理等级进一步可以分为两种类型：照料等级1到照料等级5适用于那些需要长期护理制度来帮助提供越来越多的基础医疗和日常生活活动的老年人，而支援等级1和等级2则适用于那些可以独立生活、具备自理能力但需要辅助支持的老年人。这两类护理等级在服务类型和服务数量上具有差异性。照料等级1到照料等级5的老年人有资格启动“LTC福利”，包括享受养老机构服务、居家养老服务、社区服务，专业护理人员会为老年人制定详细的每周居家养老服务时间表。而支援等级1和等级2的老年人有资格享受“预防性护理计划”，包括日常膳食指导、养生保健等服务。获得资格的老年人可以便捷地通过社区中心来获得所需的居家养老服务。

（7）多样化服务类型+专业化服务人员，形成了居家养老全覆盖的服务网络。根据长期护理制度，无论收入水平和家庭情况如何，老年人均可获得所需的护理服务。特别提请注意：在日本，该制度仅仅提供养老服务而非向老年人提供各类津贴补助。养老服务根据上述所提到的老年人分类等级划分为两大类：一类是长期护理服务，另一类是预防性护理服务。长期护理服务又分为三种，分别是养老机构护理服务、居家养老护理服务和社区养老服务。其中，居家养老护理服务又分成若干小项，包括家庭帮助服务（日常家政服务和个人护理）、家访护士、家庭康复、家庭沐浴护理、老年人公寓、福利设施服务、家庭医疗管理咨询、家庭老年人设施建设、日间照料服务（康复护理）、居家短期养老护理服务。而2006年改革后的社区养老服务中也包含部分居家养老服务，如夜间家庭访问、老年人日间护理、“小型且多功能”的老年人家庭护理、家庭私人护理服务等。这些居家养老服务基本涵盖了所有老年人需要的护理类型。除了多样化的服务类型，长期护理制度还配备了专业化的护理人员，在每个社区设立长期护理点，配备专业的护士，开展高质量的家庭护理服务。长期护理制度提供的服务主要以居家养老服务为主，社区护理中心的专职护士需要与护理服务人员、家庭成员合作，专门了解每个老年居民的日常生活和他们对于服务的诉求、偏好。因此，社区护理中心的专职护士不仅需要具备为老年人提供护理服务所需的专业知识和技能，同时还要具备管理和分析老年人需求的能力，以保证老年人的身心健康。他们的主要任务包括测量老年人的体温、血压，观察老年人的健康状况，保持老年人身体清洁，保证老年人膳食营养水平，管理老年人用药规范，管理药物及医疗设备，开展呼吸护理、喘息治疗和指导等。如果老年人身体发生紧急情况或出现异常，护士还必须快速做出反应和决定，与社区医生一起将老年人送到当地医院。除此之外，专职护士的定期家访也是其重要的职责之一①。

3.3.6 日本居家养老存在的问题

3.3.6.1 关于资金保障

随着人口老龄化程度的进一步加深，日本政府感受到了巨大的财政压力。增加税收可以适当增加政府的收入，减少政府的预算赤字，保障社会福利领域的财政预算资金。预计销售税每上调 1%，每年会增加税收收入约 2.7 万亿日元，因此，加税将增加约 8.1 万亿日元的税收收入。对于如何增加日本政府的财政收入，有些学者提出适当增加消费税的征收，来保障社会福利资金的来源。有些学者认为，日本人口老龄化进程加剧，适当增加税收的方式并不能成为保障社会福利资金的可持续性来源，仍然需要从其他渠道来获取更多的社会保障资金。

3.3.6.2 中央政府与地方政府之间的职责

日本在推动地区主权改革的时候，许多人提出将国家最低社会福利服务的标准制定权交由地方政府来执行。但是，大多数人仍然认为最低社会福利服务的标准应该由中央政府来制定。对于最低标准的制定权问题，当前在日本社会仍然是一个颇有争议的焦点问题。

3.4 澳大利亚

3.4.1 澳大利亚的居家养老服务发展情况

澳大利亚提供居家养老服务的组织，主要有教会创办的养老服务机构、民间非营利组织以及企业创办的营利性养老服务机构。这几类提供养老服务的机构，只能在得到政府相关部门认可的条件下，经过专业机构的评估以后，才能提供政府购买居家养老服务的项目，获得开展居家养老服务的资质以及政府的补贴。养老服务机构通常根据老人的需求，设计菜单式的服务内容，并将其提供给居家养老的老人们。通常提供给居家养老的老人们的服务内容包括了诸如助浴、送餐等日常照顾服务，还包括特殊医疗服务、出行服务、精神慰藉服务等内容，基本上能够满足居家养老的老人的养老需求。

---

① 徐先梅. 我国政府购买居家养老服务问题研究 [D]. 北京：中央财经大学，2019.

3.4.2 澳大利亚居家养老服务的资金来源

澳大利亚政府非常重视老年人的社会福利，从财政预算上为老年人提供了充足的社会福利资金保障。老年人居家养老服务的资金，大约有60%来源于联邦政府，有40%来源于州政府。每年联邦政府直接划拨经费给地方政府，地方政府也通过教会和其他非营利组织向享受居家养老服务的老人们提供资金支持。对于中央政府拨付给老人们的财政预算资金，每年地方政府需要向中央政府报告详细的经费支出情况，并对具体的服务内容以及花费的资金做出具体的说明。近年来，每一年联邦政府支持老年人进行居家养老的经费预算约为7亿澳元。联邦政府的资金主要被用于普通老年人的居家养老服务，每位老人大约能够享受到每小时约30澳元的联邦政府补贴，个人承担的费用约为总支出的25%。另外，由于澳大利亚约有20%的老人拥有良好的经济条件，他们暂时享受不到这部分联邦政府的补贴。而对于那些特别贫困的老人，联邦政府基本上对他们享受居家养老服务给予了全额补贴。

部分发达国家养老模式、开展方式及类型见表3.11。

表3.11 部分发达国家养老模式、开展方式及类型

序号	国家	模式	开展方式及类型
1	英国	社区养老	子女不同住，政府筹资，利用当地人力资源上门服务，开办社区老年人公寓及福利院
2	美国	居家养老+社区养老+以房养老	居家养老是基本模式，社区会根据老人的生活状况提供四个层次护理模式，即生活自理型、生活协助型、特殊护理型、持续护理型，老人可以将自有房屋出租以获得相关收入来支付社区养老成本
3	德国	居家养老+机构养老+保险筹资	根据老人生活自理状况，第一阶段以居家养老为主，第二阶段以机构养老为主，由政府和地方共同承担养老费用，并对社会化养老机构实行减免税收政策。年轻人可通过储存服务时间，在老年阶段获得相应的护理时间优惠。建立了基金会托管的养老院
4	日本	由居家养老向社会养老转变+护理保险	出生率下降导致家庭养老模式难以为继，政府根据老人的生活状况建立了老人日托服务、短期入住设施、“养护老人之家”以及“特别养护老人之家”等机构，这些服务费用较低，需要排队入住。民间设立的营利性机构则收费较高。护理保险制度由企业年金来支持，家庭护理功能社会化，减轻了家庭的负担

4 成本项目和成本标准设计与构建

为了配合政府购买养老服务各项政策的实施，如何评价或者采用什么评估指标筛选更适合承担政府购买居家养老服务的社会组织或其他社会力量，判断政府选择购买养老服务的标准是什么，是当前和未来一段时间必须解决的现实问题。

国内学者苏明等介绍了政府购买公共服务的意义及国际经验①。王浦劬等（2014）、魏中龙等（2010）、包国宪等（2012）等采用系统工程的 DELPHI（德尔菲）方法，应用 SOM（网络自组织映射）神经网络设计绩效评估模型，采用 DEA（数据包络分析）方法对我国政府购买居家养老服务效率进行了评估②。章晓懿等借鉴威廉·N. 邓恩对政府绩效评估的“4E”方法，设计了政府购买居家养老服务的绩效评估指标③。吉鹏等提出了将数据包络分析法和 ACSI（美国顾客满意度指数）模型相结合的绩效评估方法④。

国外学者 Connell 等（1998）运用变革理论分析社区公共服务效果。Revilla 等（2003）也采用 DEA 方法评估公私合作领域的项目。Boardman 等（2006）对成本效益评估中净现值方法等理论进行了介绍。Mishan 等（2007）对公共产品这类特殊产品的成本效益评估理论进行了介绍。Cox 等（2009）对美国马里兰州政府购买服务项目进行了评价。Jim 等采用社会影响力方法评价

---

① 苏明，贾西津，孙洁，等. 中国政府购买公共服务研究［J］. 财政研究，2010（1）：9-17.

② 包国宪，刘红芹. 政府购买居家养老服务的绩效评价研究［J］. 广东社会科学，2012（2）：15-22.

③ 章晓懿，梅强. 社区居家养老服务绩效评估指标体系研究［J］. 统计与决策，2012（24）：73-75.

④ 吉鹏，李放. 政府购买居家养老服务的绩效评价：实践探索与指标体系建构［J］. 理论与改革，2013（3）：104-107.

社会性企业的绩效①。Grice 等（2011）、White 等（2013）编写并补充完善了英国政府 UK Treasury 的“Green Book”，介绍了中央政府购买公共服务的综合评估体系。Emily（2014）设计了对失能和残疾老人服务的绩效评估指标②。

现阶段我国政府购买居家养老服务的评估指标研究，主要依据西方新公共管理和福利社会化理念，多从顾客满意度出发，采用 DEA、SOM 等方法设计政府购买居家养老服务的事后绩效评估（Evaluation）指标。目前尚缺乏以交叉学科评估理论为基础，基于成本效益视角，构建可以应用于事前评估（Appraisal）、事中监督、事后绩效评估的政府购买居家养老服务的评估指标研究。

4.1 成本项目的分类设计

4.1.1 按基础成本项目和额外成本项目分类

根据文献研究和理论分析，我们将成本理论中关于成本项目的分类理论应用到居家养老服务的具体成本项目的实际当中，将居家养老服务的成本项目，按照是否属于满足居家养老服务的基础成本条件，分为居家养老服务的基础成本项目和额外成本项目。具体见表 4.1。

表 4.1　基础成本项目和额外成本项目分类

类别	项目名称	具体内容
基础成本项目	基本配餐	老年食堂
		米面油配送
		送水
		果蔬配送
		送奶
	住宿	提供住宿服务
	个人基础医疗	定点医疗护理

① JIM, MCLOUGHLIN, JAIME. A strategic approach to social impact measurement of social enterprises [J]. Social Enterprise Journal, 2009 (4): 65-72.

② EMILY L SCHIEFELBEIN. Patterns of health care utilization among vulnerable populations in Central Texas using data from a regional health information exchange [J]. Journal of Health Care for the Poor & Underserved, 2014 (2): 37-51.

表4.1(续1)

类别	项目名称	具体内容
额外成本项目	室内保洁服务	环境卫生整理
		清洗油烟机
		清洗空调
		清理冰箱
		清洗饮水机
		清洗地毯
		地板打蜡
		擦玻璃
	物品搬运服务	搬家运货
		移动或布置家居
		废品及再生物品回收
		小件运输
	拆洗缝补服务	洗衣
		服装加工
		衣物保养
		拆洗其他
	接送服务	一定范围内的接送
	专业除虫/灭鼠	专业除虫/灭鼠
	送餐服务	送餐服务
	美容美发服务	理发/造型
		染发
		修面
	修脚服务	挑鸡眼
		治甲沟炎
		修垫核
		修灰指甲
		修脚垫
		普通修脚，如刮死皮、剪指甲等
	上门陪伴服务	陪聊、陪读报等
	家电维修	抽油烟机
		空调
		冰箱（柜）
		洗衣机
		电视
		录像机
		音响
		VCD、CD、DVD 机

表4.1(续2)

类别	项目名称	具体内容
额外成本项目	家电维修	微波炉
		电风扇
		电暖气
		饮水机
		消毒碗柜
		电脑
	维护修理	水暖管道、器具
		下水管道
		室内电路维护
		燃气灶具
		燃气热水器
		房屋修缮
		换纱窗
		家具维修
		修锁
		配钥匙
	安全知识宣传	安全讲座、安全知识板报等
	居住安全监控	紧急呼叫设备
	非食品配送	送报纸、杂志
	咨询类服务	上门诊疗
		体检
		心理咨询
		预约挂号
		健康讲座
	法律服务	法律咨询
		法律援助
	经济金融服务	理财顾问
		代办、代购、代缴服务
	精神文化服务	社区活动中心
		旅游咨询
		票务预订
		文体娱乐培训
	辅助器具租售	出租或出售辅助器具

4.1.2 按物质成本项目和精神成本项目分类

按照成本项目的属性，可将居家养老服务的成本分为物质成本项目和精神成本项目，具体见表4.2。

表 4.2　物质成本项目与精神成本项目分类

类别	项目名称	具体内容
物质成本项目	室内保洁服务	环境卫生整理
		清洗油烟机
		清洗空调
		清理冰箱
		清洗饮水机
		清洗地毯
		地板打蜡
		擦玻璃
	物品搬移服务	搬家运货
		移动或布置家居
		废品及再生物品回收
		小件运输
	拆洗缝补服务	洗衣
		服装加工
		衣物保养
		拆洗其他
	接送服务	一定范围内的接送
	专业除虫/灭鼠	专业除虫/灭鼠
	营养配餐	老年食堂
		送餐服务
	美容美发服务	理发/造型
		染发
		修面
	修脚服务	挑鸡眼
		治甲沟炎
		修垫核
		修灰指甲
		修脚垫
		普通修脚，如刮死皮、剪指甲等

表4.2(续1)

类别	项目名称	具体内容
物质成本项目	家电维修	抽油烟机
		空调
		冰箱（柜）
		洗衣机
		电视
		录像机
		音响
		VCD、CD、DVD 机
		电热水器
		微波炉
		电风扇
		电暖气
		饮水机
		消毒碗柜
		电脑
	维护修理	水暖管道、器具
		下水管道
		室内电路维护
		燃气灶具
		燃气热水器
		房屋修缮
		换纱窗
		家具维修
		修锁
		配钥匙
	居住安全监控	紧急呼叫设备
	食品配送	米面油配送
		送水
		果蔬配送
		送奶
	医疗保健	定点医疗护理
		上门诊疗
		体检
	经济金融服务	理财顾问
		代办、代购、代缴服务
	辅助器具租售	出租或出售辅助器具

表4.2(续2)

类别	项目名称	具体内容
精神成本项目	上门陪伴	陪聊、陪读报等
	安全知识宣传	安全讲座、安全知识板报等
	非食品配送	送报纸、杂志
	医疗辅助	心理咨询
		预约挂号
		健康讲座
	法律服务	法律咨询
		法律援助
	精神文化服务	社区活动中心
		旅游咨询
		票务预订
		文体娱乐培训

4.2 基本成本标准的确定

根据国内外研究文献与居家养老理论，并综合成本项目的不同分类方式，我们认为基本成本标准可以按照各区县当地的基本人均食、宿、医三个方面的成本统计，结合居家养老的老年人的基本需求和满足基本需求的成本项目来考虑。本课题组认为，基本成本标准中应该包括的成本项目主要是食物成本项目、住宿成本项目、基础医疗保健成本项目。这三个基础成本项目，可以基本覆盖老年人享受居家养老服务的基础成本。

北京是我国首都，具有示范效应，因此我们以北京市为例，查阅了北京市各区县的统计年鉴，调研了北京市各区县的养老服务机构，随机访问了一些老年人，得到了相关统计调研数据，然后根据北京各区县的不同实际情况，提出表4.3至表4.8的基本成本标准，供北京市不同区县居家养老成本计算参考。我们认为，北京市的成本标准可以为其他地区居家养老成本标准的设计提供借鉴和参考。

表 4.3　2010 年北京市各区县居家养老基础成本标准参考

单位：元/年

北京市辖区县	2010 年			
	食品	住宿	医疗保健	合计
昌平区	5 515.70	1 900.40	1 403.30	8 819.40
朝阳区	7 023.00	1 625.00	1 196.00	9 844.00
大兴区	—	—	—	—
东城区	—	—	—	—
房山区	5 099.50	1 678.30	1 148.80	7 926.60
丰台区	6 255.00	1 282.00	1 101.00	8 638.00
海淀区	6 462.30	—	—	6 462.30
怀柔区	2 939.50	1 982.20	889.00	5 810.70
门头沟区	—	—	—	—
密云区	4 730.73	1 468.42	1 230.51	7 429.66
平谷区	—	—	—	—
石景山区	6 218.40	1 352.10	1 825.70	9 396.20
顺义区	5 112.13	1 322.94	1 208.73	7 643.80
通州区	—	—	—	—
西城区	7 134.33	1 751.04	1 423.39	10 308.76
延庆区	4 431.22	974.46	1 519.30	6 924.98

表 4.4　2011 年北京市各区县居家养老基础成本标准参考

单位：元/年

北京市辖区县	2011 年			
	食品	住宿	医疗保健	合计
昌平区	5 890.60	1 961.80	1 507.70	9 360.10
朝阳区	7 692.00	2 073.00	1 337.00	11 102.00
大兴区	5 863.00	1 505.00	1 335.00	8 703.00
东城区	—	—	—	—
房山区	5 635.50	1 578.10	1 493.30	8 706.90
丰台区	6 868.00	1 797.00	1 706.00	10 371.00
海淀区	7 015.90	—	—	7 015.90
怀柔区	5 279.20	1 895.80	1 117.10	8 292.10

表4.4(续)

北京市辖区县	2011年			
	食品	住宿	医疗保健	合计
门头沟区	6 248.00	1 805.00	1 789.00	9 842.00
密云区	4 871.00	2 115.20	1 451.20	8 437.40
平谷区	—	—	—	—
石景山区	6 657.20	1 666.90	1 817.90	10 142.00
顺义区	5 577.58	1 583.94	1 036.36	8 197.88
通州区	—	—	—	—
西城区	7 424.40	2 144.50	1 739.90	11 308.80
延庆区	4 961.76	1 408.23	1 758.24	8 128.23

表4.5 2012年北京市各区县居家养老基础成本标准参考

单位：元/年

北京市辖区县	2012年			
	食品	住宿	医疗保健	合计
昌平区	6 271.00	1 967.00	1 380.00	9 618.00
朝阳区	8 276.00	2 010.00	1 621.00	11 907.00
大兴区	6 324.00	1 861.00	1 335.00	9 520.00
东城区	8 891.21	1 915.59	1 722.40	12 529.20
房山区	6 697.00	2 740.60	1 743.90	11 181.50
丰台区	7 323.00	1 889.00	1 762.00	10 974.00
海淀区	—	—	—	—
怀柔区	2 868.80	1 765.59	1 514.64	6 149.03
门头沟区	7 108.00	2 545.00	1 065.00	10 718.00
密云区	5 298.00	2 095.00	1 477.00	8 870.00
平谷区	5 689.00	1 578.00	1 497.00	8 764.00
石景山区	6 657.20	1 666.90	1 817.9	10 142.00
顺义区	6 039.00	1 516.00	1 348.00	8 903.00
通州区	—	—	—	—
西城区	8 272.78	2 388.02	1 809.78	12 470.58
延庆区	5 544.00	1 291.00	1 512.00	8 347.00

表 4.6　2013 年北京市各区县居家养老基础成本标准参考

单位：元/年

北京市辖区县	2013 年			
	食品	住宿	医疗保健	合计
昌平区	6 526.00	1 887.00	1 485.00	9 898.00
朝阳区	8 059.00	1 821.00	1 660.00	11 540.00
大兴区	6 884.00	2 084.00	1 594.00	10 562.00
东城区	9 080.69	2 071.21	1 742.14	12 894.04
房山区	6 104.40	2 605.60	1 411.00	10 121.00
丰台区	7 694.00	2 472.00	1 605.00	11 771.00
海淀区	8 784.40	2 388.10	1 849.40	13 021.90
怀柔区	3 520.60	1 727.70	1 415.34	6 663.64
门头沟区	6 757.00	2 681.00	1 965.00	11 403.00
密云区	5 510.00	2 064.00	1 669.00	9 243.00
平谷区	5 661.78	1 770.97	1 482.59	8 915.34
石景山区	7 073.50	2 042.40	2 110.00	11 225.90
顺义区	6 310.00	1 462.00	1 318.00	9 090.00
通州区	7 106.00	1 784.00	1 445.00	10 335.00
西城区	8 763.87	2 273.48	2 129.93	13 167.28
延庆区	5 743.00	1 519.00	1 507.00	8 769.00

表 4.7　2014 年北京市各区县居家养老基础成本标准参考

单位：元/年

北京市辖区县	2014 年			
	食品	住宿	医疗保健	合计
昌平区	6 835.00	1 944.00	1 678.00	10 457.00
朝阳区	9 316.00	1 965.00	1 768.00	13 049.00
大兴区	7 737.00	2 143.00	1 995.00	11 875.00
东城区	9 743.04	2 289.18	1 594.90	13 627.12
房山区	6 697.00	2 740.60	1 743.90	11 181.50
丰台区	8 304.00	2 637.00	1 807.00	12 748.00
海淀区	9 261.90	2 534.50	1 926.00	13 722.40
怀柔区	3 945.94	1 934.12	1 377.75	7 257.82

表4.7(续)

北京市辖区县	2014 年			
	食品	住宿	医疗保健	合计
门头沟区	7 076.00	1 965.00	1 664.00	10 705.00
密云区	6 179.00	2 191.00	1 998.00	10 368.00
平谷区	6 355.99	1 788.60	1 755.00	9 899.59
石景山区	7 239.30	2 094.20	1 876.30	11 209.80
顺义区	6 916.00	1 479.00	1 764.00	10 159.00
通州区	7 527.00	1 939.00	1 713.00	11 179.00
西城区	9 264.89	2 320.73	2 306.15	13 891.77
延庆区	6 332.00	1 660.00	1 487.00	9 479.00

表 4.8　2015 年北京市各区县居家养老基础成本标准参考

单位：元/年

北京市辖区县	2015 年			
	食品合计平均	住宿合计平均	医疗保健合计平均	总合计平均
昌平区	6 207.66	1 932.04	1 490.80	9 630.50
朝阳区	8 073.20	1 898.80	1 516.40	11 488.40
大兴区	6 702.00	1 898.25	1 564.75	10 165.00
东城区	9 238.31	2 091.99	1 686.48	13 016.79
房山区	6 046.68	2 268.64	1 508.18	9 823.50
丰台区	7 288.80	2 015.40	1 596.20	10 900.40
海淀区	6 304.90	2 461.30	1 887.70	13 372.15
怀柔区	3 710.81	1 861.08	1 262.77	6 834.66
门头沟区	6 797.25	2 249.00	1 620.75	10 667.00
密云区	5 317.75	1 986.72	1 565.14	8 869.61
平谷区	5 902.26	1 712.53	1 578.20	9 192.98
石景山区	6 769.12	1 764.50	1 889.56	10 423.18
顺义区	5 990.94	1 472.78	1 335.02	8 798.74
通州区	7 316.50	1 861.50	1 579.00	10 757.00
西城区	8 172.05	2 175.55	1 881.83	12 229.44
延庆区	5 402.40	1 370.54	1 556.71	8 329.64

整体来看，北京市各个区县的平均生活成本随着物价水平的上升和人民生活水平的提高而不断增加。从食品单项来看，北京市各个区县之间相差较大，最高的是东城区，达到平均 9 238 元每年，紧接着是西城区的平均 8 172 元每年和朝阳区的平均 8 073 元每年，而延庆区、密云区和怀柔区则排在最后；从住宿单项来看，北京市各个区县之间相差不大，海淀区、房山区、门头沟区排在前列，均超过 2 200 元每年，石景山区、平谷区和延庆区排在最后；从医疗保健单项来看，北京市各个区县之间差异较小，海淀区、石景山区和西城区排在前列，均超过 1 800 元每年，昌平区、顺义区、房山区排在最后，基本平均在 1 500 元每年以下；从总平均成本来看，北京市各个区县之间差异较大，东城区、西城区和海淀区排在前列，均超过 12 000 元每年，延庆区、顺义区和怀柔区排在最后，均低于 9 000 元每年。

2013 年北京市居家养老服务基本成本最高的前三位区县分别是西城区（13 167.28 元/年）、海淀区（13 021.90 元/年）、东城区（12 894.04 元/年）；基本成本最低的是怀柔区（6 663.64 元/年）。2014 年北京市居家养老服务基本成本最高的前三位区县分别是西城区（13 891.77 元/年）、海淀区（13 722.40 元/年）、东城区（13 627.12 元/年）；基本成本最低的是怀柔区（7 257.82 元/年）。2015 年北京市居家养老服务基本成本最高的前三位区县分别是海淀区（13 372.15 元/年）、东城区（13 016.79 元/年）、西城区（12 229.44 元/年）；基本成本最低的是怀柔区（6 834.66 元/年）。从北京市居家养老服务基本成本标准分析可以发现，西城区、海淀区、东城区这三个区基本上是北京市居家养老服务基本成本最高的三个区，而整个北京市居家养老成本最低的区基本上都是怀柔区。从居家养老基本成本分析可以发现，居家养老基本成本最高的三个区，总额变化不大，海淀区呈现出居家养老成本上升的趋势，东城区也呈现出上升趋势，而西城区呈现出下降的趋势。整体而言，2014 年北京市居家养老成本呈现出上升趋势，2015 年有所回落。北京市老城区的居家养老成本高于周边区县的养老成本，可以发现距离北京市老城区越远的区县，其居家养老成本越低，这可以为北京市民居家养老提供一个基本成本核算参考。

4.3 以 HST 全国居家养老服务中心为例的成本分析

4.3.1 HST 全国居家养老服务中心背景资料

4.3.1.1 机构简介

HST 全国居家养老服务中心是由政府社团中国老年学学会老年风险管理研究专业委员会授权，由中国侨乡青田侨归爱国人士、德国华人联合总会联合 HST 企业共同投资的养老实体。HST 养老运营机构响应政府提出的居家养老政策号召，以市场化的运营方式，借鉴了德国的养老模式，打造了全国第一家以社区和基地为基础的养老平台。HST 以中华孝老敬老、长寿之乡及中医养生文化体系的“双心工程”（爱心、孝心）为依托，力求成为首家改变老龄行业业态的新型养老服务标杆企业。

HST 全国居家养老服务中心是以推动实现国民“老有所养，老有所医，老有所教，老有所学，老有所为，老有所乐”老年事业发展为己任的投资企业，遵循儒家伦理和道德，积极提出自己特质的企业文化基因（立德），创造一个辉煌的事业（立功），成为一个反哺社会的良知企业（立信）。

HST 人在践行养老和公益事业中，严格要求自己，切实服务好每一位“信任并托付给机构”的老人，并尽力使之长命百岁，安享百年。

4.3.1.2 运营理念

HST 坚持爱老敬老的理念，以推动和谐社会建设为使命，努力打造以建设银色经济为核心的养老产业品牌，秉承“敬奉、礼仪、诚信”的经营理念，以市场运作为导向，以居家养老、社区托老、基地养老和绿色生态产品服务为核心，综合配套，定向经营，以提高中老年人乃至高端都市人群生活品质为目标。

HST 作为中国老年学学会老年风险管理研究专业委员会合作单位，致力于全方位了解和研究老年人需求，专门服务于老年人群。HST 积极响应国家的号召，在民政部、国家老龄委、中国老年学学会等部门的大力支持下，努力践行居家养老理念，为居家养老模式的探索与发展提供了实践经验。

公司整合优势资源，运用现代化企业管理手段和会员管理体系，建设和完善中国社区化养老服务标准，快速推进养老产业发展，秉承为全社会服务的理念，以“双心工程”为己任，不遗余力地将“双心精神”发扬光大，向全社会传递中华至善真情。

4.3.2 HST 全国居家养老服务中心的运作模式

4.3.2.1 打造信息智能化的养老平台

当前政府积极推进养老服务标准化和信息化养老平台的建设，HST 作为全国居家养老服务的试点单位，按照政府推进全国居家养老服务的战略部署，站在顶层设计的视角，对 HST 的居家养老服务事业的开展进行了全方位、多视角、可持续性的规划，采用了包括物联网、3G 技术、GPS 定位技术等在内的各种领先技术，采用了“互联网+”的模式对居家养老服务平台进行建设，力争以信息化服务建设为基础，以网络服务为载体，建立具有全国影响力的先进的养老智能服务信息平台。

该智能服务信息平台的主要功能包括：

第一，老人可以运用该智能服务信息平台，提出各种需求。比如老人们可以通过电话或者专门的呼叫系统，向中心提出自己的具体养老需求。

第二，服务中心平台接到老年人的具体诉求以后，对其进行分类、归纳和整理，按照不同类别服务对接的相应社区或者服务站，养老中心采用派单和直接联系的方式，将老人的需求发送给提供服务的社区或者护理人员。

第三，养老中心联系了具体提供服务的机构或社区以后，对方确认需要服务的老人的信息，随即安排相关人员，对老人开展上门服务。

第四，服务结束以后，养老中心会安排专门的工作人员进行服务回访，询问老人们在接受服务过程中的感受、意见或者满意程度。

第五，在完成回访以后，养老中心会将本次提供服务的所有信息，录入智能服务信息平台存档，以便将来能够从数据库提取服务内容，了解老人既往的需求和意见。

第六，每次服务结束后，养老中心会根据老人的反馈，对提供本次服务的人员进行评估，并将评价结果录入数据库存档。

HST 养老中心为了更好地与政策衔接，帮助老人更快、更有效率地申请政府养老补贴，按照国际先进的智能服务信息平台建设标准，进行养老服务信息平台建设，在最大幅度降低运营成本的基础上，实现了养老智能服务信息平台的高效运转。

通过该中心的信息平台，可以实现服务信息的搜集、评价、归档与反馈，充分体现了该信息平台的智能性、科学性和便捷性。通过信息平台的数据录入，可以对参与服务的服务提供方、服务对象等进行考核与评价，适时更新信息，达到动态管理的目的。通过养老中心的智能服务信息平台，还可以发现增值服务领域。该平台不仅可以区分增值服务与基础服务，还可以按照老人们的需求匹配最优的服务机构，同时为老人们提供基础服务和增值服务，满足老人们的各种养老需求。该智能信息化平台，可以搜集老人需求信息、为老人提供精确匹配的服务人员、对服务进行适时动态的监控、建立完备的数据库服务体系，让老人能够真正享受到生活照顾、精神慰藉、人文关怀等各个方面的服务，为老人提供高质量的养老服务。

4.3.2.2 长寿养生基地

HST“平谷长寿养老基地”是中国老年学学会风险管理专业委员会正式授权的首个综合性养老示范工程，位于北京平谷国家生态示范区，有“京东绿谷”的美誉。该基地占地300多亩（1亩≈666.67平方米），一期工程有11栋别墅及20多台房车，建筑风格以北美木制别墅为主，个性化设计使得别墅的庭院、阳光露台、门廊、栅栏等与周边的自然风光和谐相融，如置身世外桃源之境，给人以心旷神怡之感。该基地分为五大功能区：老年养生康护理疗区、老年休闲康乐主题区、老年大学兴趣互动区、全国长寿馆体验示范区、长寿有机营养食品餐饮区。

HST长寿养生基地还原寿乡长寿老人的居住环境，让每位会员老人都能享受最健康的居住方式。地处风景优美生态区的长寿基地，每栋建筑都结合地形地势朝向等和人体工程学，承接地气，符合地磁场规律，顺应自然。住房为全木质结构的别墅，屋内芬多精、负离子、氧离子是混凝土住房的几十倍，有利于增强人体免疫力，促进慢性疾病的治疗。同时，木质住房没有甲醛、氨等有毒物质的危害，回归自然，让老人身心舒爽。为让HST会员老人享受最为优质的理疗服务，HST针对老年会员常见的“三高”、糖尿病、骨关节病三大类疾病，引进德国先进的“5+1黄金理疗法”。“5+1黄金理疗法”是在目前国际流行的“预防医学”的基础上，结合5大类理疗方法，并融入中医养生调养理论所形成的一套综合的老年疾病防治体系。

HST已在全国铺开多个连锁基地，结合（社区店+景点店+基地店）“居家养老、旅居养老与寿乡养老”最终完成全国漫游网络系统的搭建，真正实现HST集养老、照护、旅游、养生、游学于一体的“一卡通”式会员制新型养老模式。

4.3.2.3 专业的护理团队

HST全国居家养老服务中心从一开始就按职业化的要求对所有员工进行严格培训。培训内容主要有两个方面：

（1）职业道德培训，包括职业的含义、职业的特点、爱心教育、人性教育、宗教信仰、价值观，也包括包容、沟通、和谐、人生教育等。

（2）职业技能培训，包括老人和病人护理、居家保姆、小时工、厨艺等。

为了确保培训质量，HST 全国居家养老服务中心在招聘员工时就严格把住三关。第一关是“安全关”，要求所有员工必须提供身份证、户口本、当地居委会电话及联系人、直系亲属电话、健康证和照片，以确保员工信息完整，身份合法、清晰。第二关是“性格关”，要求员工性格温和、说话和气、态度端正，以保证员工具有职业所需的性格特征。第三关是“专业关”，根据文化程度、年龄和性格特点进行职业分类，适合干什么就培训什么。

HST 全国居家养老服务中心针对住家老人护理服务推行“先面试试用、后签约付费”的方式。即客户面试员工后，经体检合格，先入户为客户服务 1 至 5 个工作日，客户满意后再签订劳务合同，支付服务费。如果试用不合格，客户可将员工退回中心。

4.3.2.4　社区终端服务店

HST 社区服务终端店，是中国居家养老示范工程的终端服务中心。目前，HST 已在北京、温州、大连、重庆等地建成社区养老服务中心旗舰店 26 家，已基本完成全国居家养老示范工程社区服务中心的前期布局。此外，2013 年底至 2014 年初，HST 居家养老项目又在四川达州和浙江宁波、丽水等 11 个地级市成功立项，正在进行后续建设。

社区终端服务店提供的养老服务主要有以下八类：

（1）信息化电子档案。建立个人信息、健康动态档案，各项内容全面实现信息化管理。

（2）智能健康检测。每天无间隔、自动化实现血压、血糖、血氧等健康监测。

（3）“5+1”健康康复体系。引进德国“声、光、电、磁、热”复合立体式健康解决方案。

（4）传统中医调理。结合传统中医养生文化，提供多项专业中医理疗服务。

（5）老年兴趣课堂。每周专职教师辅导，开设琴棋书画、养生、茶艺、健康操等兴趣课堂。

（6）家政便民服务。提供家政、网络代购、代缴电水气费、法律咨询等服务。

（7）基地旅游养生。全国连锁养生基地，提供“一卡通”式旅游养生服务。

（8）绿色就医通道。提供北京市 30 多家三甲医院的绿色就医、体检通道。

总结：HST=智能服务信息平台+长寿养生基地+专业护理团队+社区终端服务店。

4.3.3 HST 全国居家养老服务中心的服务项目及收费标准

4.3.3.1 会员服务套餐（表 4.9）

表 4.9 HST 全国居家养老服务中心会员服务套餐（2014—2017 年）

套餐类型	服务项目	收费标准
短期长寿基地体验卡	五天四夜短期长寿养生体验活动+部分共通健康管理体验	999 元
通卡	总部提供 10 项增值服务+旅居基地服务+社区终端提供 31 项服务+全部共通健康管理+营养品套餐配送	10 000 元/月
	总部提供 10 项增值服务+旅居基地服务+社区终端提供 31 项服务+全部共通健康管理+营养品套餐配送+社区 13 项增值服务+国内景点深度旅游服务+HST“新二十四孝代行”增值服务 29 项	20 000 元/月
	总部提供 10 项增值服务+旅居基地服务+社区终端提供 31 项服务+全部共通健康管理+营养品套餐配送+社区 18 项增值服务+国内景点深度旅游服务+HST“新二十四孝代行”增值服务 29 项	30 000 元/月

注：服务正在不断改进完善中，具体内容会随服务改进而有所变化，详见实体会员章程手册并以最终签署合约为准，公司保留最终解释权。

4.3.3.2 单项服务收费标准（表 4.10）

表 4.10 HST 全国居家养老服务中心单项服务收费标准（2014—2017 年）

服务项目	单位	金额/元	备注
1.家政类			
家政钟点	小时/人	8~15	2 小时起
地面清洁	平方米	2	
地板打蜡	平方米	3.5~10	机器打蜡和手工打蜡费用不同

表4.10(续1)

服务项目	单位	金额/元	备注
涂料粉刷	平方米	2~6	不含材料费
地毯清洗	平方米	8(全毛)	
		2.5~5(化纤)	
外墙清洗			面议
管道疏通	次	40~50	起步价
主管道疏通	次	70~80	起步价
窨井疏通	次	100	起步价
下水道改造	次	100	视情况而定
蹲坑改坐便器	只	100	起步价
拆装坐便器	只	100	起步价
自来水管改造	米	15	起步价50元,不含材料费
修水龙头	只	20	起步价,不含材料费
拆洗抽油烟机	只	30~50	起步价
拆装热水器	只	80	起步价
清洗换气扇	只	20	起步价
拆装空调	台	80~400	视空调机类型而定
空调加液	千克压力	35	起步价
水电维修	次	30	起步价
修理电视机	台	50~110	视电视机型品牌而定
修理CD、VCD、DVD	台	50	一般故障不收材料费
修理电冰箱	台	50(一般故障)	材料另计
修理全自动洗衣机	台	50(一般故障)	材料另计
修理微波炉、热水器	台	50(一般故障)	材料另计
其他修理			面议
代送礼品	次	10~20	不含车费
接送小孩	月	250	不含车费
室内搬物	小时	18/人	
公司清洁	月	200	
陪护病人	小时	30~60	白天和24小时价格不一样
住家保姆	月	400~450	

表4.10(续2)

服务项目	单位	金额/元	备注
早出晚归保姆	月	550	起步价
月子保姆	月	1 200~1 500	起步价
搬家	车	120 左右	楼层费另付
2.送水、煤气			
煤气	85 元/瓶 持卡客户 78 元/瓶 单位代办 74 元/瓶	待定	部分地区价格可能略有不同
送水	6~15 元/桶		视品牌而定
3.餐饮			
盒饭	6~8 元/份	待定	
点菜	菜单		
4.食品百货 商品出售价			
5.医疗保健			
1.上门打针	10 元/次(出诊费) 肌肉注射针1.6元/针 吊针(按瓶算,具体费用参照医保标准)		如需做皮试,无法出诊
2.上门看病	10 元/次(出诊费)		药费另算,要送药另付10 元出诊费

5 政府购买居家养老服务的成本效益评估指标构建

5.1 成本效益评估概述

5.1.1 成本效益评估的概念及应用意义

成本效益分析（Cost-benefit analysis，CBA）是通过分析项目的总成本和总效益来权衡项目绩效的一种价值评估方法。则开始出现的时候，成本效益分析方法只是作为一种经济决策方法，被广泛应用于企业等营利性组织，后来有许多学者拓展其应用领域，将该方法的原理运用于政府等公共部门的经济决策或计划之中，希望以最低成本获取最大效益。

政府提供了多样化的养老服务模式，在实施购买公共服务的评估中，主要采用了前期需求评估、过程评估、成本效益分析等方法。将成本效益分析方法运用于对政府购买居家养老公共服务项目的评估中，有利于通过对居家养老服务项目的全部成本和经济与社会效益之间的比较，评价和判断政府购买居家养老服务项目的可行性和社会经济效益。为了达到政府购买居家养老服务的政策目标，购买方或者购买方委托独立第三方，从所有可能的备选方案中，分别列出所有该居家养老服务项目可能获得的收益或者效益，并且计算或者核算出该项目可能付出的成本项目与费用金额，然后将各个备选方案中的所有效益减去所有成本，即得到各个备选方案的净效益，从中选择出最优的决策方案。这将有利于政府购买居家养老服务项目实现社会经济价值的最大化，最优化财政资金在政府购买公共服务领域的资源配置效率。

5.1.2 采用成本效益分析（CBA）进行评估的逻辑与思路

政府购买居家养老服务项目，是政府在机构改革过程中，对养老服务这类公共服务项目的改革探索。首先，政府从社会力量购买居家养老服务，有利于实现政府机构改革的目标，提高居家养老服务的服务效率，有利于充分发挥财政资金的公共效益。其次，作为政府购买公共服务中比较典型的养老服务类型，通过向社会力量购买，有利于提供更加多元化的服务模式。最后，政府购买养老服务，有利于培养和促进社会组织提供养老服务的各种能力，推动社会组织健康可持续发展。

为了保证承接居家养老服务的社会组织提供的居家养老服务质量，更有效地实现政府购买居家养老服务项目的目的，必须要通过评估的方式，进行政府购买居家养老服务的社会组织的筛选，以便选择出最优的社会组织来承接提供居家养老服务。评估是保证政府购买居家养老服务项目质量的重要手段。在对已有的各类评估方式的选择过程中，可以采用综合多种评估方法的方式进行评估，也可以根据不同的评估目标和评估需求，选择合适的评估方法进行评估。当前我国开展的对政府购买公共服务项目的各种评估方法中，许多实践和理论对具体的需求评估、过程评估以及结果评估进行了分析和讨论，从这些评估实践和理论中提炼出了大量的关于项目立项以及执行过程的信息，为政府提供了重要的参考依据。当前，对于采用成本效益分析方法（CBA）进行政府购买公共服务项目的评估实践尚不多见，且缺乏从理论上分析如何将成本效益评估方法（CBA）应用于政府购买公共服务项目评估的系统性研究。本书从成本效益分析（CBA）的内涵出发，基于其理论基础，构建采用成本效益分析（CBA）方法为评估思想的政府购买居家养老服务项目的评估指标，以期为形成更加体系化、综合化的评估模式，对政府购买居家养老服务项目进行多维度、多视角的评估，更好地发挥评估在政府购买居家养老服务项目过程中的“以评促建、以评促管、以评促发展”的功能，为相关主体提供借鉴和参考。

基于文献研究，以及已有的关于采用成本效益分析（CBA）方法进行评估的理论和实践分析，本书创新性地提出基于成本效益分析（CBA）原理，采用成本效益的计算分析方法和构建成本效益分析的评估指标两个维度，进行政府购买居家养老服务项目的成本效益评估。具体的运用思路如下：

（1）运用成本效益分析（CBA）方法，对每次政府购买居家养老服务项目的成本效益进行分析。具体而言，第一，从理论上分析本次政府购买居家养老服务项目的成本项目。第二，根据历史信息、现实询价、行业比对价格等方式，确定本次政府购买居家养老服务项目的每一个成本项目的具体成本标准（成本基价）。第三，通过对提供居家养老服务的家政或者其他人员收入的核算，从解决他们的就业岗位视角出发，分析本次政府购买居家养老服务带来的经济效益。第四，通过对享受本次居家养老服务的老年人节约养老成本的核算，分析政府购买居家养老服务带来的经济效益。对于经济效益的分析，需要结合具体的每一次政府购买居家养老服务的具体内容，来进行识别、判断和分析。第五，从理论上分析本次政府购买居家养老服务带来的社会效益，比如按照接受本次居家养老服务的老年人的满意度等内容来分析、识别和判断。第六，根据成本效益分析（CBA）的理论模型，从理论上计算出本次购买服务的成本效益指数，为评价政府购买居家养老服务成本效益提出依据，有利于未来提高服务质量。

（2）基于成本效益分析（CBA）原理，从“过程评估”视角，根据政府购买居家养老服务项目的整个项目流程，本书创新性地建立了基于成本效益分析（CBA）的政府购买居家养老服务项目评估指标，采用德尔菲法进行赋权，得到具有可操作性和应用价值的成本效益评估指标。在采用该指标计算每次政府购买居家养老服务项目总成本和总效益（包括经济效益和社会效益）的同时，对总成本和总效益进行评估，比较两者的评估结果，作为成本效益参考值。从成本效益分析视角提供理论上的参考依据，以便更好地判断和分析该项政府购买居家养老服务项目是否最大化实现了财政预算资金的资源配置效率，提高了财政预算资金在养老服务领域的实施绩效。

5.2　基于过程评估视角的成本效益评估指标的构建

5.2.1　成本效益评估指标的构建思路与原则

基于政府购买居家养老服务项目的本质，可以发现对于政府购买居家养老服务项目的评估，实际上是对政府购买居家养老服务公共项目的评估。项目评估的本质属性，决定了在构建成本效益评估指标的过程中，需要以项目管理的评估理论作为基础，结合成本效益分析（CBA）原理，将成本效益分析（CBA）原理分解到政府购买居家养老服务项目的发包、执行、结项各个环节，从对项目执行的不同环节的评价与判断来构建政府购买居家养老服务项目的成本效益评估指标体系。具体构建该评估指标的内在理论逻辑如图 5.1 所示。

在构建该指标体系时，我们主要遵循了以下具体原则：

（1）动态性原则。成本效益评估指标体系基于项目过程管理的视角，对指标进行构建，包括了整个项目的立项、执行、结项几个主要环节的指标设计与构建。动态性原则贯穿于整个政府购买居家养老服务项目的全过程各个环节。该原则有利于从整体上把握政府购买居家养老服务项目的整个过程、明确政府购买居家养老服务项目全过程中的成本效益事项的形成原理和机制。

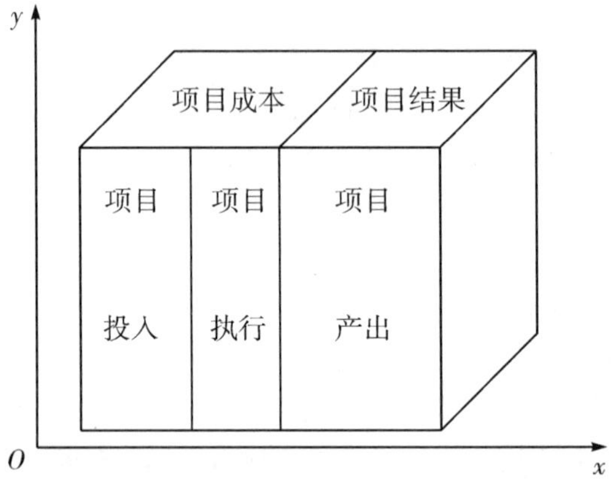

图 5.1　构建评估指标的思路

（2）整体性原则。我们根据项目评估的过程管理相关理论分析发现，根据成本效益理论所构建的各个指标之间并不是孤立的，而是一个整体。单个指标反映出成本效益的主要特征和状态以及各环节之间的内部逻辑关系。在项目实施过程中，这些指标充分展示了政府购买该服务项目的动态情况，从宏观到微观层层深入，形成一个不可分割的评价整体。必须把单个指标根据成本效益分析的逻辑，按照项目管理的过程评估思路进行构建，充分发挥指标在评估过程中对总体进行评价的功能。特别需要关注具体指标间的相互补充说明功能，全方位、多视角地对政府购买居家养老服务的成本与绩效进行综合评估，才能充分发挥该评估指标的整体评价功能。

（3）重要性原则。在设计和构建成本效益评价指标时，我们所构建的指标均具有一定的代表性。在成本效益形成的动态环节中，我们充分考虑了评价指标的全面性和重要性，尽可能选择具有典型代表意义的指标来对政府购买居家养老服务项目进行评价。评价指标的设置充分考虑成本效益原则，尽管不能面面俱到，但必须充分考虑影响评估指标评价效果的重要因素，以此来构建成本效益评估指标。

（4）可操作原则。在指标的选择上，我们特别注意指标的应用价值，在很多指标的设计中，充分考虑其数据可获得性以及可操作性，为指标的普及推广提供可能。该指标的构建，为政府购买居家养老服务项目的立项、执行和实施提供成本效益评价与判断标准。各指标的选择过程，充分体现了很强的现实可操作性、可推广性以及可比性。

（5）发展性原则。该指标的选取符合当前我国政府购买居家养老服务项目的实际，但该指标也会不断变化和调整。由于政府购买居家养老服务的模式和服务内容仍然处于初期发展阶段，提供给居家老人的各种服务内容也在不断完善和变化，随着其他更多利益相关者的介入，该评估指标也会不断地发展。

基于全过程的视角，本书在指标设计和构建过程中，坚持了上述原则，从政府购买居家养老服务项目的立项、执行和结项等完整的政府购买服务全流程来设计和构建政府购买居家养老服务项目的成本效益评估指标，进一步从整体上把握成本效益的形成过程，明确成本效益的形成机理。

5.2.2 成本效益评估指标的初步构建

在文献研究的基础上，基于成本效益分析（CBA）的基本原理和方法，我们对涉及当前政府购买居家养老服务项目的主要利益相关者，即政府部门、养老服务机构、承接政府购买居家养老服务的社会组织、接受居家养老服务的老年人、研究机构、媒体等在内的50人进行了面对面的半结构式访谈，每次访谈时间在30分钟到1个小时之间，被访谈者都回答了以下几个方面的问题：当前我国政府购买居家养老服务的现状及存在的问题、影响当前我国政府购买居家养老服务项目实施的因素、当前政府购买居家养老服务项目的服务内容、提高我国政府购买居家养老服务的建议（访谈提纲见附录1）。根据半结构式访谈记录，我们从理论上初步构建了我国政府购买居家养老服务项目的成本效益评估指标，如表5.1所示。

表5.1 政府购买居家养老服务的成本效益评估指标

一级指标	二级指标	三级指标	指标说明
项目成本	项目投入成本	项目发包成本	初期发包调研费、评估费、招标文件费、其他发包相关费用
		项目标的金额	标的金额、预算编制成本、其他与标的金额确定有关的成本
	项目执行成本	项目执行质量	为了保证项目执行质量所花费的成本，包括过程监督费、督导费、执行过程所需物资市场询价费、咨询费、检测费等
		项目执行进度	为保证项目进度所花费的成本，比如进度执行表填制费、制作费、内部定期进度评估会等
		项目运行成本	项目材料成本、项目人工成本、项目调整预算成本、项目交通成本、其他与项目执行内容相关的成本

表5.1(续)

一级指标	二级指标	三级指标	指标说明
项目成效	项目产出成果	项目服务数量	服务居家养老人员的数量
	项目产出绩效	项目社会影响	(1) 参与居家养老服务的护理人员数量(解决就业数量) (2) 媒体报道次数及报道级别 (3) 承接机构由于承接居家养老服务项目而受表彰或者受表扬的次数及级别 (4) 小区知晓居家养老人员的程度(随机抽样调查)
		项目社会评价	(1) 服务对象的评价(接受居家养老服务老人的评价) (2) 购买机构的评价(政府作为居家养老服务的购买方的评价) (3) 承接机构自我评价(社会组织或其他组织作为承接机构的自我评价) (4) 承接人员自我评价(从事居家养老服务人员的自我评价) (5) 社区其他居民的评价(随机抽样调查)

5.2.3 采用德尔菲法对评估指标赋权

根据德尔菲(Delphi)分析法进行指标赋权的原理，我们设计了调查问卷(见附录2)，采用匿名函询和单独访谈的方式征求了两轮专家们的意见，两轮意见征求分别间隔了两周的时间。应邀参加专家打分的专家们不用见面，所以消除了心理因素的影响。专家们结合自己第一轮的意见以及第一轮的权重计算结果可以修改自己的意见。

为了使专家们能够全面了解本次课题调研的目标和情况，本课题组在匿名函询之前，在筛选专家环节，分别从政府中选择了每年从事政府购买居家养老服务的委托方的领导，又从民政部和地方民政局的专家库，选择了高校、社会组织中从事政府购买居家养老服务研究以及实践的专家，共计28人。我们对本课题的研究主题和评估指标设计原理进行了充分说明，让每一位专家都非常清楚地知道需要回答的问题。该征询过程按照先简单后复杂的程序，由浅入深地安排需要回答的题目，以便能够充分调动专家们的积极性和兴趣。本问卷设计的主要问题共7道题。在赋权的过程中，主要采用了以下两个步骤：首先，采用 x^2 检验，判断28个专家对该评估指标打分的一致性，判断各个专家对各个具体评估指标的重要程度的认识是否一致；其次，采用专家排序的方式，计算得出具体评估指标的权重。具体而言：

第一，对专家的排序结果进行显著性检验。假设 H_0：28 个专家对问卷构建指标的 15 个具体因素的重要程度看法是不一致的。计算统计量 $x^2=m(n-1)W$，其中，m 代表专家的个数。此次匿名函询共获得 28 个专家的反馈，故得到 $m=28$。n 代表具体因素，此处构建的指标涉及的具体因素：$n=15$；$W=12S/[m^2(n^3-n)]$；$S=(R_1{}^2+R_2{}^2+\cdots+R_n{}^2)-(R_1+R_2+\cdots+R_n)^2/n$，$R_j$（$j=1, 2, \cdots, n$）代表第 j 个因素的秩和。根据回收的匿名函询的结果计算出来 $x^2=809.45$，显著大于显著性水平 0.01，自由度 $df=15-1=14$，查表得到 $X_{0.01}{}^2(14)=29.141$，由于 $x^2>X_{0.01}{}^2$（14），所以否定 H_0 的假设，即认为 28 个专家对我们构建的政府购买居家养老服务成本效益评估指标的各个具体指标因素呈现出一致性看法。

第二，根据专家评分结果，进行指标权重的计算。根据 28 位专家经过两轮打分以后的评分结果，我们计算出问卷构建的政府购买居家养老服务的成本效益评估指标的各项指标因素的具体权重，如表 5.2~表 5.4 所示。

表 5.2 政府购买居家养老服务的成本效益评估指标（一级指标）权重

名称	一级指标	权重
政府购买居家养老服务的成本效益评估指标	项目成本	0.361
	项目成效	0.639
	合计	1

表 5.3 政府购买居家养老服务的成本效益评估指标（二级指标）权重

名称	二级指标	权重
政府购买居家养老服务的成本效益评估指标	项目投入成本	0.134
	项目执行成本	0.227
	项目产出成果	0.067
	项目产出绩效	0.572
	合计	1

表 5.4 政府购买居家养老服务的成本效益评估指标（三级指标）权重

名称	三级指标	权重
政府购买居家养老服务的成本效益评估指标	项目发包成本	0.061
	项目标的金额	0.073
	项目执行质量	0.084
	项目执行进度	0.071
	项目运行成本	0.072
	项目服务数量	0.067
	项目社会影响	0.232
	项目社会评价	0.340
	合计	1

5.2.4 成本效益评估指标的说明与分析

我们根据上述一级指标至三级指标的权重的确定结果，得到政府购买居家养老服务的成本效益评估指标（赋权表），如表 5.5 所示。根据该指标的构建原则和赋权结果，现就该评估指标的各级指标逐级进行指标说明与分析。

表 5.5 政府购买居家养老服务的成本效益评估指标（赋权表）

一级指标（权重）	二级指标（权重）	三级指标（权重）	指标说明（权重）
项目成本（0.361）	项目投入成本（0.134）	项目发包成本（0.061）	初期发包调研费、评估费、招标文件费、其他发包相关费用（0.061）
		项目标的金额（0.073）	标的金额、预算编制成本、其他与标的金额确定有关的成本（0.073）
	项目执行成本（0.227）	项目执行质量（0.084）	为了保证项目执行质量所花费的成本,包括过程监督费、督导费、执行过程所需物资市场询价费、咨询费、检测费等（0.084）
		项目执行进度（0.071）	为保证项目进度所花费的成本，比如进度执行表填制费、制作费、内部定期进度评估会等（0.071）
		项目运行成本（0.072）	项目材料成本、项目人工成本、项目调整预算成本、项目交通成本、其他与项目执行内容相关的成本（0.072）

表5.5(续)

一级指标（权重）	二级指标（权重）	三级指标（权重）	指标说明（权重）
项目成效（0.639）	项目产出成果（0.067）	项目服务数量（0.067）	服务居家养老人员的数量（0.067）
	项目产出绩效（0.572）	项目社会影响（0.232）	（1）参与居家养老服务的护理人员数量（解决就业数量）（0.068） （2）媒体报道次数及报道级别（0.045） （3）承接机构由于承接居家养老服务项目而受表彰或者受表扬的次数及级别(0.049) （4）小区知晓居家养老人员的程度（随机抽样调查）（0.070）
		项目社会评价（0.340）	（1）服务对象的评价（接受居家养老服务老人的评价）（0.077） （2）购买机构的评价（政府作为居家养老服务的购买方的评价）（0.068） （3）承接机构自我评价（社会组织或其他组织作为承接方的自我评价）（0.063） （4）承接人员自我评价（从事居家养老服务人员的自我评价）（0.065） （5）社区其他居民的评价（随机抽样调查）（0.067）

根据一级指标的权重可以发现，项目成效（项目的成果和绩效）这部分权重占据了六成以上，充分表明各位专家一致认为，在评估政府购买居家养老服务项目的时候，比较关键的因素是需要评价和分析政府购买居家养老服务的项目成果和绩效，这也符合政府购买居家养老服务项目的目标和宗旨的要求。

在本课题构建的一级指标下面，根据成本效益分析原理，分别构建了两类二级指标，即成本类和效益类两类评估指标。指标主要从项目的投入成本与执行成本两个方面来对项目的成本进行评估。在对项目成效一级指标的评估过程中，又细分为分别对项目产出成果和项目产出绩效两个方面的评估。在对这四个二级指标进行赋权分析以后可以发现，项目产出绩效这个二级指标的权重最大，其次是项目执行成本指标的权重，这也充分体现出了成本效益分析原理在政府购买居家养老服务的评估中非常看重绩效的特点。通过对三级指标的赋权计算结果进行分析，可以发现在对政府购买居家养老服务的评估过程中，专家们一致的看法是该类项目的社会评价以及社会影响力是非常重要的指标，指标赋权的结果也充分证明了这一点。

5.2.5 成本效益评估指标的应用分析

为了使本课题构建的政府购买居家养老服务的评估指标在实践中更加具有可操作性和灵活性，从评估指标的得分和成本效益的计算两个维度进行实践中的政府购买居家养老服务的项目评估工作，按照评估实践范式，可以将构建的该成本效益评估指标进行转换，比如按照百分制进行转换，将指标的权重打分从而转变为按照百分制进行成本效益评估的指标。然后，根据政府购买居家养老服务的成本效益评估指标的成本得分和效益得分的情况，计算出成本效益的比例，综合考虑某一个政府购买居家养老服务项目的成本效益情况，为客观选择合理的政府购买居家养老服务的承接方事前评估，为执行政府购买居家养老服务的委托业务以后的事后评估，为执行居家养老服务项目过程中的动态监控的事中评估，都提供了很好的参考依据。

6 评估指标的应用

——对成都 YBK 养老服务中心案例进行的指标应用分析

6.1 成都 YBK 养老服务中心简介

6.1.1 组织概况

成都 YBK 养老服务中心（以下简称“YBK”）是一家成立于 2016 年 4 月，综合运营养老服务业务的机构，主要采用进入社区建设社区养老服务场所（YBK 社区养老服务中心）的方式，提供包括居家养老服务在内的各种养老服务业务。YBK 作为一家主要从事养老服务业务的民间非营利组织，它的宗旨是在为老人提供优质照护服务的同时，践行现代老年医学的先进理念，对老人进行健康管理、风险预判、功能促进、精神慰藉。YBK 已经成立了 6 年，其始终秉承助老、养老服务的理念，在激活社区养老模式、居家养老模式等领域取得了一定的成效。YBK 在运营养老服务业务的过程中，主要提供老年人综合评估、个性化照护方案，按照“医养结合”模式与当地医学院老年医学中心合作，专注于社区养老服务、居家养老服务、日间照料中心的运作，并在实践中坚持关注老年人身心健康，坚持以养为主、以医为辅的现代老人照护理念，为每个养老服务点位辐射的社区老人提供居家养老服务以及各种老年服务。YBK 通过护理服务、精神慰藉服务、生活照料服务以及家政服务解决老人基本生活问题，为老人提供精神慰藉。YBK 的所有工作人员都拥有一个共同的目标，即“春之晖”理念：给老年人最专业、最合适的照护。

6.1.2 组织文化

YBK 建立了自己的组织文化，主要包括以下内容："对长者耐心、用心、让家属放心、宽心"的目标；坚持"让我们的长者健康、快乐、有品质地生活"的宗旨；坚持"源于操心、只因有心、终于安心"的态度；坚持"思考、沟通、高效、尊重"的团队文化。思考，是指组织中的每位工作人员做事时要时刻进行思考；沟通，是指各岗位要勤沟通，保持信息通畅；高效，是指做事要有效率，不要做无用功；尊重，是指学会尊重每位服务对象和自己的同事。YBK 也通过设计组织的标识体系深化组织文化，增强组织成员对组织文化的感知。YBK 通过组织文化建设，很好地诠释了组织的文化内涵，也形成了一定的品牌效应。

6.1.3 组织架构及设立情况

6.1.3.1 组织架构

在创立初期，YBK 是由包含本科生和研究生在内的 4 位拥有共同情怀、梦想的高校人士发起的，他们形成了组织初期的顶层团队，同时也是现在组织的核心力量，被称为"创始人团队"。随着组织的扩大，符合条件的工作人员不断加入，考虑到组织的持久运营和可持续发展，为最大化实现组织价值，创始人团队根据组织发展需求，充分发挥员工的专业技术能力，调动员工奉献的积极性，吸纳部分员工组成了运营团队。组织对运营团队中的人员进行了细致的职能分工，下设财务中心、业务发展中心、运营管理中心三大中心，各中心又下设相应的职能部门。其中，业务发展中心下设的项目部主要负责各街道、社区的居家养老服务项目。为了对组织进行精细化、常态化、规范化管理，同时成立了管家部、安保部和餐厨部。目前，整个运营团队共 90 人，其中总经理 1 人，总经理办公室 2 人，院长和副院长各 1 人，财务中心 2 人，业务发展中心 31 人，运营管理中心 42 人。最初的 4 位创始人分布在总经理、院长、运营管理中心、业务发展中心四个职位和部门中。具体的组织结构见图 6.1。

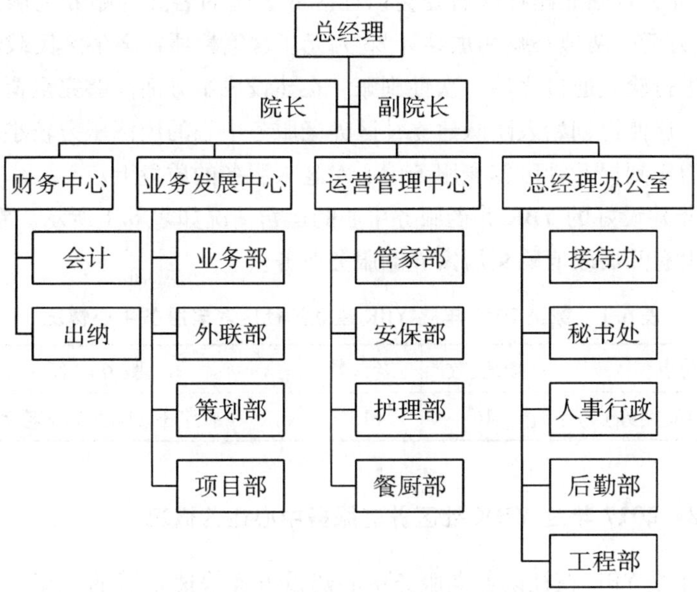

图 6.1 YBK 养老服务中心组织架构

6.1.3.2 组织设立情况

YBK 目前在成都中心城区（三环路内）拥有小型养老机构 6 家、大型养老机构 1 家、诊所 1 家。合计养老床位 250 张，目前入住 220 名老人。点位模式分为日间照料中心、社区养老院以及老年康复理疗中心三种。

6.2 YBK 社区养老服务中心运营情况（2016—2019 年）

6.2.1 2016 年度 YBK 社区养老服务中心运营概况

成都 YBK 养老服务中心于 2016 年 4 月成立。经过相应的准备，于 2016 年 12 月开始第一个点位“西安路街道青阳北路社区养老服务中心”的选址与建设。在选址上，YBK 创始人团队对西安路街道办事处官网公示的场地进行了实地考察，发现这里地处市区、周边老龄人口较多、交通方便，具有较强的抗风险能力，符合点位的选址要求。经过团队一致协商，开始了“西安路街道青阳北路社区养老服务中心”的建设。

西安路街道青阳北路社区养老服务中心是根据政府对于日间照料中心的补贴政策建立的。在建设成本方面，前期西安路街道办事处补贴养老服务中心装修费33万元，青阳北路社区居委会以社区养老院的名义补贴养老服务中心建设费用50万元。两项补贴相加共计83万元。这笔款项在金牛区民政局对养老服务中心进行验收通过之后一次性到账，在建设成本方面能够完全覆盖前期的装修费用，这使得创始人团队建立社区养老服务中心的经济压力较小，能够将更多的财力用到提升社区养老服务中心对老人服务的质量上。

2016年建设好的YBK养老服务中心的运营情况如表6.1所示。在YBK成立当年并没有开展政府购买居家养老服务业务。

表6.1　截至2016年底YBK建立的社区养老服务中心情况

运营点位	床位数	老人数	服务内容
YBK（西安路站点）	16	13	托老+日间照料+老年餐

6.2.2　2017年度YBK社区养老服务中心运营概况

2017年是YBK在社区养老服务中心建设方面快速发展的一年，共新开设4个养老点位（如表6.2所示），均在成都市金牛区。新开展的社区养老服务中心的申请程序与建设模式与2016年并无差异，在申请程序上政府基本上延续了2016年的程序，在选址与建设上面经过2016年的试验，YBK创始人团队已经形成了一套快速建立YBK养老站点的模式。在建设成本方面，各街道办事处均补贴每个养老服务中心装修费33万元。在建设完成后，金牛区民政局对养老服务中心进行验收，通过之后款项一次性到账。

表6.2　截至2017年底YBK新增的社区养老服务中心情况

运营点位	床位数	老人数	服务内容
YBK（五福站点）	18	16	托老+日间照料+老年餐
YBK（芙蓉巷站点）	22	20	托老+日间照料+老年餐
YBK（银沙站点）	16	13	托老+日间照料+老年餐
YBK（茶店子站点）	35	35	托老+日间照料+老年餐

2017年YBK新增社区养老服务中心总计4个，新增床位91张，新增老人84人，主要服务内容包括托老、日间照料、老年餐、文娱活动四项。有些社区养老服务中心有两层楼，有些没有安装电梯通往二楼，对老年人来说行动极其不方便，所以有部分空余的床位。鉴于这种情况，YBK养老服务机构充分利用闲置床位，将空余床位提供给具有自理能力的老人居住，或作为员工宿舍。

在日常的运营方面，由于这些点位均是规模较小的社区养老服务中心，主要以“养”为主。政府对社区养老服务中心设有一定的补贴标准，满足补贴标准的条件是社区养老服务中心的面积大于900平方米、拥有30张及以上的床位。

在补贴方面，金牛区政府提供每个床位200元的补贴，成都市其他区提供每个床位150元的补贴。在收费方面，机构根据民政部颁布的“老年人能力评估”共设置了八个收费档位，费用在3 500～7 800元每人每月不等，包括就餐、床位、管理、护理等日常服务。受机构条件和市场条件限制，收费普遍较低。具体的收费标准如表6.3所示。

表6.3　YBK社区养老服务中心全托收费标准（2016—2021年）

其他站点	床位费	1 200元/(人·月)		总费用
	餐饮费	1 000元/(人·月)		
	管理费	400元/(人·月)		
	护理费	能力完好	600元/(人·月)	3 200元/(人·月)
		轻度一级	900元/(人·月)	3 500元/(人·月)
		轻度二级	1 400元/(人·月)	4 000元/(人·月)
		中度一级	1 900元/(人·月)	4 500元/(人·月)
		中度二级	2 400元/(人·月)	5 000元/(人·月)
		重度一级	3 200元/(人·月)	5 800元/(人·月)
		重度二级	3 700元/(人·月)	6 300元/(人·月)
		重度三级	4 200元/(人·月)	6 800元/(人·月)
茶店子	床位费	1 600元/(人·月)		
	餐饮费	1 000元/(人·月)		
	管理费	400元/(人·月)		
	护理费	能力完好	600元/(人·月)	3 600元/(人·月)
		轻度一级	800元/(人·月)	3 800元/(人·月)
		轻度二级	1 400元/(人·月)	4 400元/(人·月)
		中度一级	2 000元/(人·月)	5 000元/(人·月)
		中度二级	2 600元/(人·月)	5 600元/(人·月)
		重度一级	3 400元/(人·月)	6 400元/(人·月)
		重度二级	4 000元/(人·月)	7 000元/(人·月)
		重度三级	4 800元/(人·月)	7 800元/(人·月)
总费用=床位费+餐饮费+管理费+护理费				

注：①“老年人能力等级”依据民政部颁布的《老年人能力评估民政行业标准》中的标准（标准号MZ/T039—2013），由第三方专业评估机构对老人身体状况进行评估确定，入住期间根据老人实际情况调整；②收取医疗备用金5 000元每人。

截至2017年底，YBK养老服务中心的建设和运营已经相对比较成熟，能够为更多的社区老年人提供养老服务，并形成自己的老年人服务中心生态运作系统。同年，YBK开设了成都YBK诊所。诊所规模不大，共300平方米，长期坐诊医生两名，一名兼职坐诊医生，理疗师两名，护理员一名，每日就诊量在30~60人次，员工工资在4 000~9 000元每月。诊所长期为养老院提供医疗巡诊、理疗服务，同时也对外服务社会病人，主要从事老年康复理疗服务，可以为YBK社区养老中心提供养老服务的老年人进行日常身体检查，体现出“医养结合”的模式，逐步提高了针对老年人的服务质量，逐渐形成了YBK自己的品牌特色。

6.2.3 2018年度YBK社区养老服务中心运营概况

YBK经过近两年的社区养老服务中心建设与养老服务业务的开展，逐步积累了一定的社区养老和居家养老服务经验，自2018年开始承接当地民政局的政府购买居家养老服务项目。

2018年，YBK新增2个社区养老服务中心点位，共运营8个点位，包括7个社区养老服务中心和一个诊所。YBK按照“日间照料中心+社区养老院+老年康复理疗中心”的运营模式对所有点位进行统一运营，在养老服务领域业务更加综合化、专业化和系统化。2018年各个点位的具体情况如表6.4所示。

表6.4 截至2018年底YBK建立的社区养老服务中心情况（共8个点位）

运营点位	床位数	长者数	服务内容	备注
YBK（五福站点）	15	14	托老+日间照料+老年餐	2016年建立
YBK（银沙站点）	16	13	托老+日间照料+老年餐	2017年建立
YBK（茶店子站点）	34	34	托老+日间照料+老年餐+康复护理	2017年建立
YBK（驷马桥站点）	21	12	托老+日间照料+老年餐	2018年新增
YBK（芙蓉巷站点）	32	18	托老+日间照料+老年餐	2017年建立
YBK（西安路站点）	17	12	托老+日间照料+老年餐	2017年建立
YBK（诊所）			老年康复理疗	诊所,2017年建立
YBK（宏明养老院）	150	107	托老+日间照料+老年餐+文娱活动	2018年新增

6.2.4 2019 年度 YBK 社区养老服务中心运营概况

2019 年 YBK 没有建设新的社区养老服务中心。2019 年基本延续了前期 YBK 积累的各类养老服务的运营经验，对现有的 8 个社区养老服务中心点位不断进行发展和完善，在 2018 年承接政府购买居家养老服务项目的基础上，承接了 2019 年的当地政府购买居家养老服务项目，逐步形成了 YBK 自己的一套老年人服务生态系统。YBK 提供的各类养老服务呈现出“医养结合”的模式，这有利于提高 YBK 为老年人服务的质量，有利于形成自己的品牌特色。

6.3 YBK 承接政府购买居家养老服务项目评估（2018—2019 年）

YBK 在 2016 年 4 月成立，在经历了近两年的发展后，自 2018 年开始承接当地政府购买居家养老服务项目。

6.3.1 2018 年度 YBK 承接政府购买居家养老服务项目的成本效益评估

6.3.1.1 项目基本情况介绍

1. 项目概要

YBK 于 2018 年开始申请承接居家养老服务项目。2018 年度 YBK 主要承接了两个居家养老服务项目，分别是营门口街道居家养老服务项目和抚琴街道居家养老服务项目，共服务老年人 344 人，年龄均是 60 岁及以上，其中营门口街道居家养老服务项目服务老年人 103 人，抚琴街道居家养老服务项目服务老年人 241 人。服务频率共计约 900 人次，其中营门口街道居家养老服务项目服务频率每人 1~3 次，抚琴街道居家养老服务项目服务频率每人 1~3 次。

2. 项目申请

在项目申请方面，成都市民政局公告政府购买居家养老服务项目之后，YBK 根据街道办事处官网发布的招标信息，报名参加竞标。招标公告规定申请机构需要具备一定的条件：提供托老、养老服务，在辖区内有一定的口碑。YBK 按要求组织内部人员进行 2018 年的政府购买居家养老服务项目的申报工作。政府购买居家养老服务项目的申请时间为每年的 6~7 月份，申请内容为××区××街道××年度居家养老服务项目，标的金额为 300 元/(人·年)。该政府购买居家养老服务项目的主要内容是对应街道办事处公共服务科的居家服务项目，即由 YBK 所在区的民政局负责发包，由居家养老服务项目实施地的街道办事处执行，中标机构负责具体实施居家养老服务项目。

居家养老服务项目的实施小组负责人负责对接街道办事处、项目申请书的撰写、工作的统筹安排。在项目申请过程中，YBK 团队基本上每两天开一次会议商讨申请书的具体撰写细节。申请工作需要较为细致的计划，比如测算机构为达到政府购买本次居家养老服务项目的要求会产生哪些成本，为此，财务人员也要参加项目申请书的撰写。在项目申请书撰写完成之后，会在 6~7 月份之内递交给街道办事处，具体到每个街道的投标时间，会根据每一个街道办事处的具体安排而有所差异。

项目申请递交后，会进行一轮比选工作。比选的主要内容包括：承接机构的实力，包括承接机构的口碑、实体机构的管理规范、报价的高低、服务队伍的水平等。比选工作结束后 3~5 个工作日，便会由街道办事处和中标的居家养老服务承接机构签订服务协议。项目执行开始时间为 8 月份，项目执行截止时间为 10 月底，项目执行完成时间一般为 3~4 个月，没有完成项目的将按照协议的规定支付违约金。

3. 项目资金管理

服务资金由当地区政府拨付给街道办事处，再由中标的居家养老服务机构与街道办事处签署服务合同。

在资金拨付方面，项目结束后，经社区居委会、街道办事处验收合格（验收工作主要包括电话回访已接受服务的老年人），街道办事处上报区政府购买服务项目工作委员会通过及领导签字，然后由区政府一次性拨付给机构。有时候会存在项目到截止日期仍没有完成项目标的的情况，比如项目因一些不可抗力因素没有完成服务（比如老人在外地、老人生病住院等），在项目结项后可以继续提供居家养老服务。

成都市居家养老服务项目，每一个接受居家养老服务的老人服务预算金额，当地区民政局按照 300 元/（人·年）的统一标准执行。通常当地政府会按照由政府制定的标准筛选出满足该政策条件的老人，即会由当地政府按照一定的标准筛选出符合接受居家养老服务条件的老人名单，提供给承接政府购买居家养老服务项目的机构，承接机构中标这个政府购买居家养老服务项目后，会通过电话询问或实地走访的方式，对可以接受居家养老服务的老人们的需求进行评估，最后确定一定数量的受助老人，将受助老人的最终名单再提供给发包机构（街道办事处）。机构每年获得的标的金额，根据具体实施居家养老服务的老人的数量，直接乘上当地民政局的预算标准，即 300 元/(人 · 年)，因此，总的标的金额是透明的。

在项目执行的过程中，需要付出较高的人工成本，人工成本主要用于支付提供居家养老服务的护理阿姨们的工资。提供居家养老服务的护理阿姨们，有的来自 YBK 社区养老服务中心，即承接机构自有的阿姨，有的阿姨则是临时聘请的兼职人员。在调研中我们发现，人工成本基本上要占项目总收入的 50% 以上。同时，还存在一些其他成本，比如一些服务工具花费、交通费用等。实际上，时间成本和来回的交通成本较高，通常交通费用占 5%，服务工具费用占 15%。

4. 项目人员管理

YBK 获批 2018 年的政府购买居家养老服务项目后，由采购部门负责相关服务物资的采购工作，护理部门负责工作的开展，财务部门负责资金的核算和控制。采购部门在进行打扫卫生的清洁器具、易耗品等物资采购时，往往会货比三家，严格控制支出成本。护理部门在开展工作的时候，由于时间紧、任务重，往往需要寻找兼职阿姨。YBK 护理部门长年有 2 位全职阿姨。2018 年在执行项目时，共找了 4 位兼职阿姨，在 8~10 月完成了 700~900 人次的服务工作，服务内容主要以打扫卫生、清洗日用品、制作老年餐居多。服务阿姨的工作比较繁忙，一个阿姨平均每天要服务 2~3 家老人，兼职阿姨没有订单时可以休息，全职阿姨每月休息 3 天。

5. 项目成本管理

在项目成本管理方面，YBK 在招标时撰写的项目申报书中有提供项目预算，在项目获批以后，按照项目申报书的预算执行经费的各项支出，不再单独进行其他资金预算。原因在于：一是 2018 年度政府购买居家养老服务项目的总金额不大；二是经 YBK 内部分析发现，承接政府购买居家养老服务项目成本高，只要能做到盈亏平衡即可，基本没有资金结余；三是 YBK 在执行居家养老服务的中心站点承接服务，可以做一下 YBK 的品牌推广；四是可以与当地政府部门建立良好的合作关系，这也是承接当地政府购买居家养老服务项目的重要原因。

6. 项目结项情况

在项目结项方面，YBK 根据所签订服务协议的规定时间完成了所有居家养老服务项目。主要产出包括：一是将提供的居家养老服务的所有服务过程的图片资料，录入到“电信孝行通”平台系统，接受社会监督；二是将服务对象签字的表格交给所属社区居委会、街道办事处盖章，最后上交区民政局，接受资金提供方的监督和审核。在结项时，区民政局通常会邀请独立第三方评估机构对项目进行抽查，主要是了解接受居家养老服务对象的反馈情况，根据反馈结果视服务情况予以结项。在系统录入的过程中也存在一些困难，主要体现在由于提供服务的护理阿姨也均是中老年人，不太会使用信息系统录入服务过程图片。另外，接受居家养老服务的对象也均是60岁及以上的老年人，因此对现代信息系统的使用不够熟悉，甚至出现完全不会使用的情况。因此在项目结项方面，对YBK服务机构来说增加了后期工作量。

7. 项目自我评价内容

YBK作为项目执行方，自我评价认为2018年执行的政府购买居家养老服务项目的整体情况良好，服务对象的满意度较高，政府的满意度也较高。

6.3.1.2 成本效益评估指标的应用——以2018年度YBK承接政府购买居家养老服务项目为例

根据资料查阅、实地走访、半结构式访谈，我们对2018年度YBK承接政府购买居家养老服务项目进行成本效益评估，具体见表6.5。

表6.5 2018年度YBK承接政府购买居家养老服务成本效益评估表

项目评估人：×××　　　　总评分：80分

一级指标	二级指标	三级指标	标准分值	指标说明	得分
项目成本	项目投入成本	项目发包成本	6	初期发包调研费、评估费、招标文件费、其他发包相关费用是否合理，且相关资料是否完善	4
		项目标的金额	7	标的金额、预算编制成本、其他与标的金额确定有关的成本是否合理，且相关资料是否完善	6
	项目执行成本	项目执行质量	8	为了保证项目执行质量所花费的成本，包括考察过程监督费、督导费、执行过程所需物资市场询价费、咨询费、检测费等。查阅相关资料，相关价格是否合理，资料是否完善	6
		项目执行进度	8	为保证项目进度所花费的成本，比如进度执行表填制费、制作费、内部定期进度评估会等。花费项目是否合理，且价格是否公允，资料是否完善	8
		项目运行成本	8	项目材料成本、项目人工成本、项目调整预算成本、项目交通成本、其他与项目执行内容相关的成本是否合理，且资料是否完善	7

表6.5(续)

一级指标	二级指标	三级指标	标准分值	指标说明	得分
项目成效	项目产出成果	项目服务数量	6	服务居家养老人员的数量，是否按照此次项目委托的数量，进行居家养老服务，服务数量是否达到委托数量，且相关证明资料是否完善	5
	项目产出绩效	项目社会影响	23	(1) 参与居家养老服务的护理人员数量（解决就业数量),根据以往数据分析,服务对象的数量与提供服务护理人员的数量是否合理，且资料是否完善 (2) 媒体报道次数及报道级别 (3) 承接机构由于承接居家养老服务项目而受表彰或者受表扬的次数及级别 (4) 小区知晓居家养老人员的程度（随机抽样调查）	20
		项目社会评价	34	(1) 服务对象的评价情况（接受居家养老服务老人的评价），检查满意度及相关问卷资料的内容 (2) 购买机构的评价情况（政府作为居家养老服务的购买方的评价） (3) 承接机构自我评价情况（社会组织或其他组织作为承接方的自我评价） (4) 承接人员自我评价情况（从事居家养老服务人员的自我评价） (5) 社区其他居民的评价情况（随机抽样调查）	24

我们通过成本效益评估指标内在结构分析，发现项目成效获得了 49 分，项目成本获得了 31 分，由此可以计算出 2018 年度 YBK 承接政府购买居家养老服务项目的成本效益比。通过计算分析我们发现，该政府购买居家养老服务项目的成本效益比约为 1.58，即每花费 1 个单位的财政预算，可以获得近 1.58 个单位的效益。我们根据本课题设计的政府购买居家养老服务成本效益评估指标的标准分数，计算分析得出项目成本的标准值为 37 分，项目成效的标准得分为 63 分，根据成本效益原则计算分析得到当前政府购买居家养老服务的成本效益标准比为 1.7。根据对 2018 年度 YBK 承接政府购买居家养老服务项目的成本效益评估指标结果，对照成本效益标准值分析，我们发现 2018 年 YBK 能够达到政府购买居家养老服务项目的标准成本效益比的 92.94%，充分表明 2018 年 YBK 承接的政府购买居家养老服务项目的成本效益较高，属于效益比较好的政府购买居家养老服务项目。评估指标中的效益是综合经济效益

和社会效益的评分结果，可以作为后期承接政府购买居家养老服务项目的历史参考指标进行分析与判断。

6.3.2 2019年度YBK承接政府购买居家养老服务项目的成本效益评估

6.3.2.1 项目基本情况介绍

1. 项目概要

YBK在2018年的基础上，2019年承接政府购买居家养老服务项目有所增加，一共承接了3个街道办事处委托的政府购买居家养老服务项目，总计服务老人547人（见表6.6）。其中，西安路街道居家养老服务项目服务老人215位，沙河源街道居家养老服务项目服务老人91位，抚琴街道居家养老服务项目服务老人241位。服务频率共计约1 500人次。其中，西安路街道居家养老服务项目服务频率约500人次，沙河源街道居家养老服务项目服务频率约300人次，抚琴街道居家养老服务项目服务频率约700人次。居家养老服务对象里边还涵盖困难老人①，但困难老人占比较小。2019年YBK承接的居家养老服务项目的服务对象，主要是三个辖区内高龄、残疾、低保边缘、优抚、计生特护老人。

表6.6 YBK2018年度与2019年度居家养老服务项目简要对比

项目概况	2018年度	2019年度
项目执行情况	营门口街道、抚琴街道居家服务项目	西安路街道、沙河源街道、抚琴街道居家服务项目
服务老人数量	344人	547人
服务频率	约900人次	约1 500人次
年龄段	60岁及以上	60岁及以上

① 民政部社会救助司当前对困难老人的界定：困难老人不是特指某一类老年人，而是对面临家庭和个人难以应对的贫困、疾病、失能、残疾、无人照顾等困难和风险的老年群体的统称。该定义至今尚未有统一的法律政策规定。狭义的困难老人是指同时具备以下条件的老年人：无劳动能力；无生活来源；无法定赡养、抚养、扶养义务人或者其法定义务人无履行义务能力时无人照料的留守（空巢）老年人等特殊群体。根据民政部等9部门《关于加快实施老年人居家适老化改造工程的指导意见》（民办发〔2020〕86号），在实施老年人居家适老化改造方面，困难老人指"纳入分散供养特困人员和建档立卡贫困人口范围的高龄、失能、残疾老年人"。根据《"十四五"民政事业发展规划》（民发〔2021〕51号），在建立定期探访制度方面，困难老人指"重残、失能、留守、空巢、计划生育特殊家庭老年人"。

表6.6(续)

项目概况	2018 年度	2019 年度
项目分工	居家项目服务小组负责人：负责对接街道办事处、项目申请书的撰写、工作的统筹安排； 采购部门：负责物资采购； 护理部：负责护理工作的开展； 财务部门：负责资金的核算、控制	居家项目服务小组负责人：负责对接街道办事处、项目申请书的撰写、工作的统筹安排； 采购部门：负责物资采购； 护理部：负责护理工作的开展； 财务部门：负责资金的核算、控制

2. 项目申请

在项目申请方面，成都市民政局在官网公布 2019 年度政府购买居家养老服务项目之后，YBK 根据街道办事处官网发布的招标信息，报名参与竞标。申请时间为每年 6~7 月份，申请内容为××区××街道××年度居家养老服务项目，标的金额为 300 元/(人・年)（与 2018 年一样)。项目主要对接单位是街道办事处公共服务科的居家服务项目，即由所属区民政局负责发包，街道办事处予以执行，中标机构负责具体实施。在项目申请过程中，YBK 团队每两天开一次会议，商讨申请书的具体撰写细节，包括测算 YBK 为达到政府购买居家养老服务项目的全部要求会产生哪些成本，YBK 财务人员也参加项目申请书的撰写。在项目申请书撰写完成之后，会在 6~7 月份之内递交给街道办事处。

项目申请递交后，会进行第一轮比选工作。比选的主要内容包括：申报机构的实力，包括机构的口碑、实体机构的管理规范、报价的高低、服务队伍的水平等。比选工作结束后 3~5 个工作日，会由街道办事处和中标的居家养老服务承接机构签订服务协议。项目执行时间为 8~10 月底，项目执行完成时间一般为 3~4 个月，没有完成项目的将按照协议的规定支付违约金。

3. 项目资金来源

本年承接的政府购买居家养老服务的对象包括居家老人、低保家庭的老人、低保边缘的重度失能老人等不同类型。每个街道办事处给 YBK 提供居家养老服务老人的名单，每个街道的困难老人每人补助 300 元/月，居家养老老人补助每人 300 元/年，机构在 3 个项目中总共获得 18 万元资金，但是去掉机构的运营成本，留存机构的非限定性净资产较少，本次承接的居家养老服务属于基本盈亏平衡。

在资金拨付情况方面，项目结束后，经社区居委会、街道办事处验收合格（验收工作主要是电话回访已接受服务的养老人员），街道办事处上报区政府购买服务项目工作委员会通过及领导签字，然后由区政府一次性拨付给承接机构。有时候会存在到项目截止日期，项目因一些不可抗力因素，没有完成服务（比如老人在外地、老人生病住院等），可以在项目结项后继续提供服务。

4. 项目人员管理

在项目人员管理方面，主要通过以下一些方式开展：第一，成立居家上门服务小组，由 YBK 社区养老服务中心的在职人员和兼职人员组成；第二，开会说明居家养老服务的项目、服务对象、服务范围、具体分工，形成有效链接；第三，开展相关上门进行居家养老服务的各种培训、技能操作、上门注意事项说明等；第四，各站点负责人以电话预约的形式，询问老年人所需的居家服务内容以及服务时间；第五，资金使用情况，人员工资 50%，交通费用 5%，服务物资 15%，其他 10%。因为 3 个居家养老服务街道服务模式相同，为了减少管理成本，YBK 在实施过程中对 3 个居家养老服务街道进行统一打包服务，不单独对某个街道进行成本核算。

居家养老服务项目的时间为 3 个月，服务人员主要由 YBK 内部的护理人员、招聘兼职护理人员组成；在服务人员结构方面，大多是 50 岁左右的护理人员、护士，基本都为女性；在服务人员的工资方面，按照服务的数量提成，大概在项目执行期间，每位护理人员每人工资 3 500~4 000 元/月。

5. 项目成本管理

根据 2018 年承接政府购买居家养老服务项目的经验，YBK 在项目成本管理方面，仅仅在项目申报书中提供了本项目的预算，在项目获批以后，按照项目申报书的预算执行经费的各项支出，不再单独进行其他资金预算。原因在于：第一，2019 年度政府购买居家养老服务的项目总体金额不大；第二，根据 YBK 以前承接居家养老服务项目的经验，该居家服务项目只要不亏损，就达到了预算目标；第三，承接该类项目，主要是为了能够在当地做一下品牌推广，并且可以与政府部门建立良好的合作关系。

YBK 在居家养老服务中提供的服务套餐的价格远低于市场价。在居家养老服务的过程中，有些老年人体谅服务人员工作的不易，直接主动减少服务时间。合同还对 YBK 服务频率做出了要求，一年内服务一个老人的次数须达 3 次以上。在 2019 年 YBK 承接的居家养老服务项目的执行过程中，由于政府购买该项服务的标的金额偏低，导致 YBK 需要补贴运营成本，才能达到在该项居家养老服务项目中盈亏平衡。

如图 6.2 所示，YBK 承接的西安路街道居家养老服务的执行内容包括为居家养老老人提供陪伴聊天、打扫卫生、代购生活物品、精神慰藉、擦洗玻璃、康复指导等服务。其中主要以打扫卫生、陪伴聊天为主。

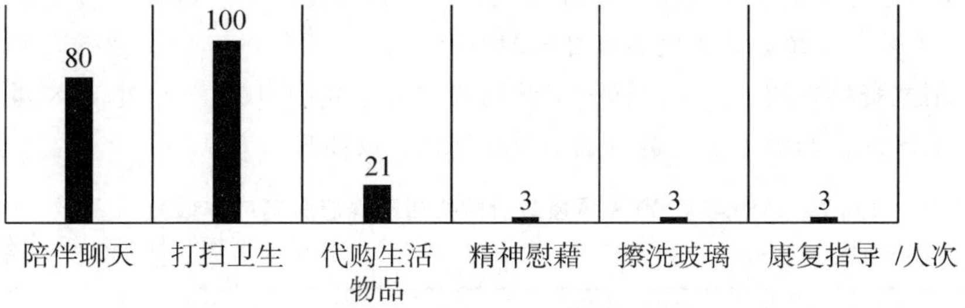

图 6.2 西安路街道居家养老服务内容情况统计

6. 项目结项情况

在项目结项方面，YBK 根据所签订服务协议的规定时间完成了所有居家服务项目。主要产出包括：一是将服务的所有图片资料录入到“电信孝行通”平台系统；二是将服务对象签字的表格交给所属社区居委会、街道办事处盖章，最后上交区民政局。民政局邀请第三方评估机构对其承接的居家养老服务项目进行抽查评估，主要抽查服务对象的反馈情况，根据反馈结果视服务情况予以结项。根据调研资料，西安路街道近八成的服务对象对 YBK 的居家养老服务非常满意，其余两成接受居家养老服务的老人对 YBK 的居家养老服务比较满意。

7. 项目自我评价情况

YBK 在项目执行过程中遇到了一些困难，比如服务对象按照服务套餐选取 300 元的服务包，老人所选择的居家养老服务主要以家政为主，服务老人以 60~70 岁为主流群体，身体比较好，居家养老的需求并不是很强烈。高龄老人有 80~90 岁的，但是这部人比较少，基本上都需要计生特护，政府提供的 300 元服务包无法满足这部分高龄老人的真实需求。

经过访谈我们发现，YBK 认为单从居家养老服务项目本身来看，项目开展的难度比较大，因为项目资金体量较小，资源比较分散，无法有效整合资源，成为项目成本无法下降的主要原因。同时，居家养老服务所提供的内容，在执行过程中也存在一些困难，比如上门服务是陌生人之间的接触，接受服务的对象有时比较有顾虑，沟通成本较高。所以在 YBK 提供居家养老服务期间，社区居委会、街道办事处都非常理解机构的难处，机构也尽力让服务对象、政府监管部门满意。只是该类居家养老服务项目只能作为对 YBK 养老服务体系的补充和辅助。YBK 在不盈利的情况下，坚持探索居家养老服务的模式，希望能够调研居民的具体需求，为机构开展市场化居家养老服务奠定一定的基础，同时也能让居民知晓机构品牌，起到宣传作用。承接居家养老服务项目，作为机构与政府联系的纽带，加强了机构与政府的联系，有效地反馈居家养老服务市场的各种需求，可以向政府相关部门提供一些政策上的建议。

6.3.2.2 成本效益评估指标的应用——以 2019 年度 YBK 承接政府购买居家养老服务项目为例

根据资料查阅、实地走访、半结构式访谈，我们对 2019 年度 YBK 承接政府购买居家养老服务项目进行成本效益评估，具体见表 6.7。

表 6.7 2019 年度 YBK 承接政府购买居家养老服务成本效益评估表

项目评估人：×××　　　　总评分：81 分

一级指标	二级指标	三级指标	标准分值	指标说明	得分
项目成本	项目投入成本	项目发包成本	6	初期发包调研费、评估费、招标文件费、其他发包相关费用是否合理，且相关资料是否完善	5
		项目标的金额	7	标的金额、预算编制成本、其他与标的金额确定有关的成本是否合理，且相关资料是否完善	6
	项目执行成本	项目执行质量	8	为了保证项目执行质量所花费的成本，包括考察过程监督费、督导费、执行过程所需物资市场询价费、咨询费、检测费等。查阅相关资料，相关价格是否合理，资料是否完善	7
		项目执行进度	8	为保证项目进度所花费的成本，比如进度执行表填制费、制作费、内部定期进度评估会等。 花费项目是否合理，且价格是否公允，资料是否完善	8
		项目运行成本	8	项目材料成本、项目人工成本、项目调整预算成本、项目交通成本、其他与项目执行内容相关的成本是否合理，且资料是否完善	7
项目成效	项目产出成果	项目服务数量	6	服务居家养老人员的数量，是否按照此次项目委托的数量，进行居家养老服务，服务数量是否达到委托数量，且相关证明资料是否完善	5
	项目产出绩效	项目社会影响	23	(1) 参与居家养老服务的护理人员数量（解决就业数量），根据以往数据分析，服务对象的数量与提供服务护理人员的数量是否合理，且资料是否完善 (2) 媒体报道次数及报道级别 (3) 承接机构由于承接居家养老服务项目而受表彰或者受表扬的次数及级别 (4) 小区知晓居家养老人员的程度（随机抽样调查）	20
		项目社会评价	34	(1) 服务对象的评价情况（接受居家养老服务老人的评价），检查满意度及相关问卷资料的内容 (2) 购买机构的评价情况（政府作为居家养老服务的购买方的评价） (3) 承接机构自我评价情况（社会组织或其他组织作为承接方的自我评价） (4) 承接人员自我评价情况（从事居家养老服务人员的自我评价） (5) 社区其他居民的评价情况（随机抽样调查）	23

我们通过成本效益评估指标内在结构分析，发现项目成效获得了 48 分，项目成本获得了 33 分，由此可以计算出 2019 年度 YBK 承接政府购买居家养老服务项目的成本效益比。通过计算分析我们发现，该政府购买居家养老服务项目的成本效益比约为 1.45，即每花费 1 个单位的财政预算，可以获得近 1.45 个单位的效益。我们根据本课题设计的政府购买居家养老服务成本效益评估指标的标准分数，计算分析得出项目成本的标准值为 37 分，项目成效的标准得分为 63 分，根据成本效益原则计算分析得到政府购买居家养老服务的成本效益标准比为 1.7。根据对 2019 年度 YBK 承接政府购买居家养老服务项目的成本效益评估指标结果，对照成本效益标准值分析，我们发现 2019 年 YBK 能够达到政府购买居家养老服务项目的标准成本效益比的 85.29%，表明 2019 年 YBK 承接的政府购买居家养老服务项目的成本效益比 2018 年降低了一些，主要是部分接受服务对象的社会评价有所下降，导致项目社会评价的得分略低。总体而言，我们通过评估分析发现，YBK 属于提供优质居家养老服务的机构，YBK 承接的 2019 年度居家养老服务项目，从完成情况来看，仍然是比较优秀的政府购买居家养老服务项目。但是接受服务对象的评价有所下降，应该引起 YBK 管理层高度重视，为 YBK 未来承接政府购买居家养老服务项目提供参考与借鉴。

7 结论、建议与展望

7.1 研究结论

本课题基于成本效益分析（CBA）理论，分析了居家养老服务成本项目及成本标准，在此基础上，构建了政府购买居家养老服务的成本效益评估指标，并选取 YBK 案例进行了成本效益评估指标的应用分析。通过对指标的应用分析，我们发现采用该指标进行的评估，有利于实现政府购买居家养老服务项目的动态评估与监督，为政府购买居家养老服务项目的结项打下坚实基础，有利于评估政府购买居家养老服务项目的事后绩效。具体研究结论如下：

（1）在政府购买居家养老服务项目的立项环节，有必要进行成本效益的事前评估。为了让政府购买居家养老服务项目在发包过程中能够甄选出最优的承接机构，必须对政府购买居家养老服务项目的发包过程，从成本效益原则出发进行评估，以便筛选出最适合承接居家养老服务项目的社会组织，为保障居家养老服务的质量，从发包环节进行监督与控制提供评估参考依据。

（2）在政府购买居家养老服务项目的执行环节，必须进行项目执行中期的成本效益评估。通过对政府购买居家养老服务项目的成本效益中期评估，可以及时进行政府购买居家养老服务项目的预算执行情况和实际情况的成本效益对比分析，能够最快发现承接机构在提供居家养老服务的过程中，是否存在成本超支、成本没有按照预算执行、成本滞后于项目执行内容、执行过程中服务对象不满意等问题。通过及时发现政府购买居家养老服务项目在执行过程中的成本效益问题，可以及时为承接居家养老服务项目的社会组织提供评估参考意见，供承接机构在后期项目执行过程中进行成本的优化处理以及最大化经济和社会效益提供借鉴与参考。

（3）在政府购买居家养老服务项目的结项环节，必须进行成本效益的末期评估。在承接机构完成政府购买居家养老服务项目的全部服务内容后，应该提请相关政府发包部门委托独立第三方评估机构进行该项目的成本效益评估，并将该评估结果与项目立项环节、中期执行环节的成本效益评估结果进行对比分析，发现该项目在结项时，是否按照立项要求，达到了应有的经济和社会效益。同时，通过与标准成本效益比的对照分析，还可以发现该项政府购买居家养老服务项目的实施，是否在成本可控的条件下，最大化提供居家养老服务带来的经济效益和社会效益。这样可以帮助政府了解和掌握接受委托提供居家养老服务的社会组织本次提供的各项居家养老服务内容及其服务质量，并进行客观分析和评估。这样做有利于政府识别优秀社会组织，有利于政府建立政府购买居家养老服务的优秀社会组织数据库，为政府未来筛选适合承接居家养老服务的社会组织，为居家老人的养老提供更加优质的服务，提供评估参考依据。同时，也有利于政府职能转换，不断提高政府购买居家养老服务项目财政预算资金的使用效率。

（4）成本效益评估指标可以作为政府在事前发包、事中监督、事后评价，筛选承接提供居家养老服务的社会组织的一种具有可操作性的评估指标。该指标具有较强的可操作性，便于推广应用。

我们通过调研和研究发现，本课题构建的政府购买居家养老服务成本效益评估指标，比较容易理解，易于推广应用。各评估专家在对该评估指标进行分析的过程中，比较具有一致性。我们认为，根据成本效益分析指标，比较容易发现政府购买居家养老服务项目的成本执行情况及其带来的经济效益和社会效益情况。评估专家在使用该指标进行案例分析的过程中，比较容易把握和保持主观判断的一致性，并且该指标可以通过计算实际的成本效益比，与标准的成本效益比进行对照分析，从而比较容易发现单独某项政府购买居家养老服务项目的优点与不足。对该指标评估结果的分析，也有利于承接居家养老服务的社会组织不断提高居家养老服务的质量。

7.2 政策建议

当前各级政府都在积极地探索多种养老模式，包括居家养老与社区养老结合、机构养老嵌入社区等，当然也包括对于政府购买居家养老服务的各种尝试。在积极探索的过程中，居家养老已经开始了大面积的试点。但是，从目前我们的调研资料以及搜集到的数据来看，当前各级政府开展的政府购买居家养老服务每一年的整体预算资金体量并不大，仍然处于探索时期。

我们通过评估现阶段政府购买居家养老服务项目的实践发现，多地目前提供服务的对象比较集中在低龄老人（60~70岁），大部分基层政府购买的居家养老服务内容，主要围绕一些基础性的服务展开，比如送餐、打扫卫生等，而享受居家养老服务的老人们，有近90%选择了打扫卫生服务，而对其他居家养老服务内容，老人们选择较少。这一客观现象充分反映出当前各地基层政府购买居家养老服务的内容，主要是针对送餐、打扫卫生等基本日常生活相关的内容。由于基层政府的财政预算资金管理的各项限制，导致所提供的居家养老服务的内容基本无法满足当前真正有照顾需求的高龄居家养老老人的需求。现阶段各地政府购买居家养老服务呈现出“两难特征”：第一，政府当前提供的居家养老服务的“服务包”内容的预算有限，导致在现阶段的财政预算情况下，真正需要居家照顾的高龄老人的居家养老服务需求并不能被完全覆盖，这是“一难”；第二，政府当前提供的居家养老服务的内容中，大部分是日常居家生活的养老服务，对于绝大多数低龄老人而言，他们主要选择“打扫卫生服务”项目，也反映出实际上由于服务内容比较集中，尚难以真正充分实现政府购买居家养老服务的初衷，这是“二难”。

我们通过访谈调研发现，当前大部分选择打扫卫生服务的低龄居家老人们，对政府提供的居家养老服务觉得可有可无，认为并不是必需品。因此，对于居家低龄老人们真正需要的养老服务内容，还有待进一步探索、调研和分析。从政府购买居家养老服务预算资金的使用绩效分析可以发现，由于打扫卫生服务并不是当前低龄老人居家养老服务的刚性需求，因此，这部分预算资金的使用绩效相对较低。如何更好地满足低龄老人居家养老服务的真正需求，当前低龄老人居家养老服务的真正需求到底是什么，如何提高政府购买居家养老服务项目资金使用绩效，仍然是当前和未来一段时间需要抓紧分析和解决的具体问题。鉴于本课题在构建评估指标以及对评估指标进行应用分析的过程中的一些发现，再考虑当前政府购买居家养老服务项目中存在的一些问题，现提出如下建议：

（1）根据各级政府实际情况，适当增加财政预算，提高对于高龄居家养老老人的居家养老“服务包”的政府采购预算。即通过追加财政预算，适当追加一些高龄居家养老老人的特殊养老服务事项，比如对于高龄居家养老老人有特殊医疗需求等事情的政府预算。我们在调研中发现，成都市（包括辖下22个区、市、县）目前基本上只提供基础养老服务，因此从地方财政预算出发，基本都采取了“一刀切”的模式。除去困难老人以外，属于一般情况的高龄居家养老老人，每一年可以享受政府购买居家养老服务的“服务包”的预算是每人300元。高龄居家养老老人普遍都会患上诸如糖尿病、高血压等基础疾病，他们需要的居家养老服务与低龄居家养老老人的需求不同。这部分高龄居家养老老人会更注重对身体的护理，而当前的预算基本上无法覆盖这一需求，导致高龄居家养老老人实际上无法真正享受当前的300元/年居家养老服务。因此，建议各级政府做好辖区内高龄居家养老老人的需求统计工作，根据辖区内高龄居家养老老人的居家养老服务真实需求，结合当地财政收入情况，合理编制财政预算，适当提高专门针对高龄居家养老老人的政府购买居家养老服务项目预算，更好地满足高龄居家养老老人的真实服务需求。或者根据各级政府的实际情况，专门针对高龄居家养老老人的居家养老服务需求提供政府购买服务项目，按照“例外事项”原则，提供更加符合高龄居家养老老人实际需求的各种政府购买居家养老服务项目和服务内容。

（2）各级政府应总结以往经验，再结合当前实际，通过实地调研或走访，掌握当地低龄居家老人的真实需求，根据其真实需求提供更加能够满足低龄老人居家养老需求的“服务包”，并且采用动态调整模式，保证居家养老服务项目的质量。

在当前接受居家养老服务的老人中，绝大部分属于具有自理能力的低龄老人。生活不能自理的部分高龄老人主要通过机构养老、社区养老等方式进行了分流。这部分享受当前居家养老服务的低龄老人，普遍认为“打扫卫生”并不是老年人的刚性需求服务，只起到了“锦上添花”的作用。我们通过对本课题构建的成本效益评估指标的案例应用分析也发现，这部分资金的使用效率较低，尚未形成较好的社会效益。建议各地政府，对所辖区域的接受居家养老服务的低龄且能自理的老人的真实需求进行调研和需求评估，以便提供更加能够满足这部分老人真实需求的居家养老服务内容或项目。在财政预算资金有限的情况下，也可以适当降低这部分预算，并将降低的这部分预算用于提高当地高龄老人居家养老服务的预算，以便最大化政府购买居家养老服务的资金配置效率。

（3）建议政府在购买居家养老服务项目的全过程运用成本效益评估指标，或者采用类似评估指标，委托独立第三方评估机构，进行政府购买居家养老服务项目的评估工作。

政府购买居家养老服务已经在很多地方开展，但是资金体量规模普遍较小，尚处于探索阶段。为了进一步提高政府购买居家养老服务资金的使用效益，有必要在政府购买居家养老服务的事前（发包过程）、事中（执行过程）、事后（结项过程）全过程实施独立第三方评估，从“以评促建”的思想着手，不断规范政府购买居家养老服务的各项管理，实现动态管理和全预算管理相结合的模式。比如可以采用本课题构建的政府购买居家养老服务的成本效益评估指标，对其进行全过程评估，为提高项目效益提供参考依据。

（4）建议政府建立承接政府购买居家养老服务项目的社会组织数据库。委托独立第三方评估机构对承接政府购买居家养老服务项目的社会组织进行成本效益评估，并以评估结果作为参考，建立承接政府购买服务项目的社会组织数据库，为未来各级政府选择合适的承接居家养老服务项目的社会组织提供参考的依据。同时，对评估结果以及数据库的定期分析，也可以作为承接居家养老服务项目的社会组织内部完善管理的参考依据。

7.3 研究的不足与展望

（1）关于评估指标构建的理论基础有很多，本课题只是选择了成本效益分析理论作为指标构建基础来进行评估指标的构建与应用分析。未来还可以采用其他理论视角，比如全面预算管理视角来构建评估指标等。

（2）本课题仅采用德尔菲法对构建的评估指标进行赋权，未来还可以采用诸如模糊聚类等方式对评估指标进行赋权。本课题主要通过专家打分的方式分析该评估指标的权重，未来如果有可能，还可以采用其他指标赋权方式来进行指标的赋权分析。

（3）由于受到研究地域限制，本课题仅选择了北京市进行成本项目及成本标准的分析，选择了成都市的一家比较具有代表性的从事政府购买居家养老服务的机构进行案例分析。未来有机会还可以将该评估指标运用于全国其他范围内的案例分析，这样将更加有利于该评估指标的宣传推广与应用。

综上所述，当前普遍存在单项政府购买居家养老服务的发包金额偏低的现象，且呈现出各基层政府对于购买居家养老服务的总体预算金额偏低的情况。目前各地采用的政府购买居家养老服务的主要发包模式，大都是以当地民政局作为发包方，比如成都市主要是由提供居家养老服务项目的街道办事处作为委托方，与承接政府购买居家养老服务的社会组织签订协议（合同），为当地老人提供居家养老服务。尽管当前居家养老服务的内容以提供基础生活服务为主，但是，从实际调研来看，当前接受居家养老服务的老人，绝大多数会选择“上门进行保洁服务”，而几乎不会选择其他服务内容。在受访的接受居家养老服务的老人中，大部分属于生活能够自理的老人，而由于现有的居家养老服务每年提供给每一位老人的预算有一定的限额，导致现在仍然有比较多的生活不能自理的高龄老人的居家养老服务需求没有得到完全的满足。各地政府每年购买居家养老服务项目的财政预算，与各地购买全部公共服务的预算相比，规模较小。但是，全国很多地方都已经开始了政府购买居家养老服务的试点或者实践工作，为未来更大规模地开展政府购买居家养老服务工作进行了很有意义的前期探索。

结合当前政府购买居家养老服务的现状，本课题构建了基于成本效益理论的政府购买居家养老服务的评估指标，并对该评估指标进行了应用分析。该指标不仅可以从指标得分进行同类型政府购买居家养老服务的横向比较，而且还可以进行成本效益比的综合分析，可以为政府未来进一步扩大政府购买居家养老服务项目的规模，以及更好地选择适合承接政府购买居家养老服务项目的社会组织，提供事前、事中、事后的评估结果参考。评估结果也可以为社会组织未来更好地承接政府购买居家养老服务项目，提高居家养老服务的服务质量，从“以评促建”的思想出发，提供更加优质的居家养老服务提供参考依据。

参考文献

一、中文文献

[1] 包国宪，刘红芹. 政府购买居家养老服务的绩效评价研究 [J]. 广东社会科学，2012 (2)：15-22.

[2] 包世荣. 国外医养结合养老模式及其对中国的启示 [J]. 哈尔滨工业大学学报（社会科学版），2018，20 (2)：58-63.

[3] 本刊编辑部. 社区照顾 [J]. 中国全科医学，2019，22 (5)：574.

[4] 蔡辉，张颖，倪宗瓒. Delphi 法中评价专家的筛选 [J]. 中国卫生事业管理，1995 (1)：49-50，55.

[5] 蔡少伦. 国外农村养老保险模式比较及对我国的启示 [J]. 价格理论与实践，2021 (4)：75-78.

[6] 曹立前，王君岚. 政府购买居家养老服务的完善路径 [J]. 经济研究参考，2019，000 (12)：120-123.

[7] 陈勃昊，薛城，任俊，等. 基于德尔菲法的公共卫生事件中家庭服务需求指标体系构建 [J]. 复旦学报（医学版），2022，49 (1)：60-69，72.

[8] 陈功，王笑寒. 我国"时间银行"互助养老模式运行中的问题及对策研究 [J]. 理论学刊，2020 (6)：132-140.

[9] 陈军. 居家养老：城市养老模式的选择 [J]. 社会，2001 (9)：22-24

[10] 陈琳，李俊南，魏丽荣，等. 基于德尔菲法的医院重大疫情应急能力评价指标体系构建研究 [J]. 中国医院管理，2021，41 (6)：1-4.

[11] 陈倩. 新公共服务：服务，而不是掌舵 [J]. 休闲，2019 (5)：174-175.

[12] 陈伟涛. "和而不同"：家庭养老、居家养老、社区养老和机构养老概念比较研究 [J]. 广西社会科学，2021 (9)：144-150.

[13] 陈虾，邓晓燕，郑德明，等. 社区卫生服务保健成本项目及其核算

方法［J］. 中国全科医学，2007（9）：761-763

［14］崔树义，杜婷婷. 居家、社区、机构养老一体化发展研究［J］. 东岳论丛，2021，42（11）：36-44.

［15］崔卓兰，蔡立东. 从压制型行政模式到回应型行政模式［J］. 法学研究，2002（4）：64-73.

［16］党俊武. 中国城乡老年人生活状况调查报告（2018）［M］. 北京：社会科学文献出版社，2018.

［17］邓大松，王凯. 国外居家养老模式比较及对中国的启示［J］. 河北师范大学学报（哲学社会科学版），2015，38（2）：134-139.

［18］邓国胜. 民间组织评估：机遇与挑战［J］. 学会，2008（6）：32-34..

［19］邓国胜. 非营利组织"APC"评估理论［J］. 中国行政管理，2004（10）：33-37.

［20］邓国胜. 中国社会组织"走出去"的必要性与政策建议［J］. 管理科学，2015（12）：70-74.

［21］邸腾森，左鑫，魏鑫洪，等. 基于"互联网+"的养老服务现状及展望［J］. 齐鲁护理，2020，26（1）：4.

［22］丁晋飞，谈立峰，汤在祥，等. 德尔菲法及其在公共卫生领域的应用和展望［J］. 环境与职业医学，2012，29（11）：727-730.

［23］丁艳琳. 国外互助养老模式对我国养老困境的启发［J］. 经济研究导刊，2018（28）：42-43.

［24］丁英顺. 日韩两国居家养老服务比较及启示［J］. 日本问题研究，2013（4）：60-66.

［25］董绪瑶，刘欢. 国外教育养老主要模式与特点剖析［J］. 中国成人教育，2018（21）：120-122.

［26］杜亚玲，李欣宇，杨新惠，等. 基于德尔菲法构建药物重整过程中药物差异分类工具［J］. 中国医院药学杂志，2022，42（13）：1376-1381.

［27］方海光，孔新梅，杜东燕，等. 教师教育培训内容演化自组织学习模型研究［J］. 电化教育研究，2022，43（3）：121-128.

［28］傅金鹏. 我国公益性社会组织提供公共服务的问责逻辑［D］. 上海：复旦大学，2012.

［29］高磊，张志杰. 我国中小学教师领导力评价指标体系研究［J］. 教学与管理，2022（12）：22-26.

［30］高爽，杨陆，彭涛. 国外医养结合养老模式研究进展［J］. 护理学

杂志，2021，36（3）：17-20.

［31］格里·斯托克. 作为理论的治理：五个论点［J］. 华夏风，译. 国际社会科学杂志（中文版），1999（1）：19-30.

［32］关旭静，魏心源，李燃，等. “健康四川行动”监测评估体系构建研究［J］. 中国健康教育，2022，38（1）：8-13.

［33］管晴，陈兆俊，郭美茹，等. 安宁疗护中医务社工服务评价指标体系研究［J］. 中国农村卫生事业管理，2022，42（3）：219-223.

［34］郭竟成. 国外居家养老模式比较［J］. 中国民政，2015（15）：58-59.

［35］国家统计局. 中国统计年鉴（2019）［EB/OL］. http://www.stats.gov.cn/tjsj/tjcbw/201909/t20190924_1699095.html.

［36］国家统计局. 中华人民共和国2019年国民经济和社会发展统计公报［EB/OL］. http://www.stats.gov.cn/tjsj/zxfb/202002/t20200228_1728913.html.

［37］郝志梅，冯宏杰，周宏，等. 浅谈国外医养结合养老模式［J］. 中国卫生人才，2019（9）：24-25.

［38］何保新. 协同治理理论下罗湖区Y社区养老服务供给问题研究［D］. 西安：西北大学，2021.

［39］何芳，郭晓琴，王倩，等. 基于德尔菲法构建女性盆底功能障碍高发人群一级预防自我护理能力量表［J］. 护理研究，2021，35（21）：3906-3909.

［40］何其迅，马小蕊，吴萍. 基于德尔菲法和层次分析法的硕士研究生生源质量评价指标体系研究［J］. 医学教育管理，2022，8（1）：101-105，126.

［41］何茜. 国外互助养老模式对我国农村地区养老的借鉴与启示［J］. 农业经济，2018（6）：74-75.

［42］贺薇. 居家养老服务供给结构的现状与优化［J］. 湖北大学学报（哲学社会科学版），2020，47（6）：155-165.

［43］胡晓佳，刘佳琪，李慧珍. 基于马斯洛需求层次理论的陕西省医养结合养老模式供需分析［J］. 老字号品牌营销，2021（9）：77-78.

［44］吉鹏，李放. 政府购买居家养老服务的绩效评价：实践探索与指标体系建构［J］. 理论与改革，2013（3）：104-107.

［45］吉鹏，李放. 政府购买养老服务满意度指标构建与实证评价：基于江苏三市的调研数据［J］. 人口与发展，2017，23（3）：59-67.

［46］贾敏. 国外教育养老模式发展研究及启示［J］. 世界教育信息，2017，30（19）：29-35.

［47］贾智国. 我国养老服务供给中政府角色的再定位：基于多中心治理

视阈［J］. 南方论刊，2018（3）：46-48.

［48］江超. 滴滴出行感知服务质量与顾客忠诚关系研究［D］. 武汉：中南财经政法大学，2019.

［49］姜碧华，李辉婕. 政府购买城市社区居家养老服务研究综述：基于新公共服务理论［J］. 人才资源开发，2019（24）：46-48.

［50］姜腊，李运华. 社区养老照顾服务供给主体作用分析：基于福利多元主义视角［J］. 江汉学术，2021，40（5）：72-82.

［51］姜伟. 经济发展新常态下健康养老产业的新机遇研究［J］. 企业改革与管理，2017（7）：212-214.

［52］姜玉贞. 社区居家养老服务多元供给主体治理困境及其应对［J］. 东岳论丛，2017，38（10）：45-53.

［53］金碧华，曹师勤. 我国慈善组织公信力重建中的第三方评估机制［J］. 经营与管理，2016（5）：17-20.

［54］克里斯廷·格罗鲁斯. 服务管理与营销：服务竞争中的顾客管理（原书3版）［M］. 韦福祥，译. 北京：电子工业出版社，2008.

［55］雷雨若，王娟. 地方政府购买居家养老服务中的监管失灵及其矫正：基于南京、宁波、广州、合肥和深圳的分析［J］. 济南大学学报（社会科学版），2020，30（1）：145-156，160.

［56］黎江. 政府购买社会组织服务项目的第三方评估：现状、困境与路径优化［J］. 经济研究导刊，2019（24）：184-185.

［57］李春，王千. 政府购买养老服务过程中的第三方评估制度探讨［J］. 中国行政管理，2014（12）：40-44.

［58］李琦. “新零售”下我国零售企业供应链KPI体系的构建与应用［J］. 商业经济研究，2020（24）：121-124.

［59］李双全，张航空. 政府购买社会组织居家养老服务：典型模式、适用条件及潜在风险［J］. 江淮论坛，2019（6）：175-179.

［60］李卫东. 政府购买公共服务引入第三方评估机制的分析［J］. 经济研究导刊，2014（13）：183-185.

［61］李文琦. 网络治理视角下社区居家养老服务供给机制改进研究［J］. 改革与战略，2018，34（7）：104-109.

［62］李秀峰，祝军. 共青团“青年之家”实体平台的评估指标体系研究：基于德尔菲法和层次分析法的应用［J］. 中国青年社会科学，2021，40（2）：28-39.

［63］李雨桐. 政府购买公共服务评估机制研究［D］. 北京：中国矿业

大学，2020.

［64］李媛. 新时代社区居家养老的伦理构建：再读姚远《中国家庭养老研究》［J］. 人口与经济，2022（1）：157-158.

［65］李长远，张举国. 我国医养结合养老服务的典型模式及优化策略［J］. 求实，2017（7）：68-79.

［66］李长远. 我国政府购买居家养老服务模式比较及优化策略［J］. 宁夏社会科学，2015（3）：87-91.

［67］李志鹏，曲绍旭. 政社关系视角下居家养老服务供需失衡问题研究［J］. 老龄科学研究，2021，9（12）：67-75.

［68］梁帅，叶欣梁，孙瑞红. 基于3E理论构建校园展会成效评估指标体系［J］. 教育现代化，2018，5（42）：99-100.

［69］梁旭，牟昀辉，那丽，等. 基于德尔菲法的卫生健康高质量发展指标评价体系构建研究［J］. 中国卫生经济，2022，41（4）：70-73.

［70］廖佳华，蔡建平，黄思文，等. 居家养老陪护机器人造型设计［J］. 机械设计，2021，38（11）：4.

［71］林甦，任泽平. 模糊德尔菲法及其应用［J］. 中国科技论坛，2009（5）：102-103，122.

［72］林瑜胜. "互联网+"视角下我国居家养老服务供给治理研究：以"虚拟养老院"为例［J］. 上海城市管理，2018，27（5）：23-30.

［73］刘蓓. 基于需求层次理论模型探究居家养老辅具产品的消费需求：以广州市为例［J］. 现代商业，2022（2）：3-5.

［74］刘冠合. 行政裁量基准成本效益评估质量及保障机制［J］. 黑龙江省政法管理干部学院学报，2019（4）：9-13.

［75］刘辉. 我国老龄化社会养老模式探究［J］. 法制与社会，2015（4）：169-170.

［76］刘前进，杨鹏，崔荣哲，等. 应用德尔菲法和层次分析法构建的陆军卫生连核应急医学救援力量能力评价指标体系［J］. 中华灾害救援医学，2022，10（3）：121-126.

［77］刘爽，姜丹，赵荣生. 基于德尔菲法确定霉酚酸治疗药物监测指南的临床问题与结局指标［J］. 中国医院药学杂志，2022，42（14）：1479-1482.

［78］刘伟涛，顾鸿，李春洪. 基于德尔菲法的专家评估方法［J］. 计算机工程，2011，37（S1）：189-191，204.

［79］刘西国，刘晓慧. 政府购买服务对老年人居住偏好的影响：基于

CLHLS 2014 数据实证检验 [J]. 福建农林大学学报（哲学社会科学版），2018，21（1）：58-65.

[80] 刘晓梅，李蹊. 社区居家养老研究的回顾与展望：基于 Citespace 的文献计量分析 [J]. 学习与探索，2022（3）：33-40.

[81] 刘亚男，张凯，潘红宇. 国外农村养老保险模式探究 [J]. 中国人事科学，2020（3）：91-95.

[82] 鲁全. 德国：劳资自治的社会养老保险 [J]. 公民与法治，2011（10）：48-49.

[83] 路苓，郝珉，李媛媛，等. 德尔菲法结合层次分析法建立临床专业学生儿科实习质量的评价系统 [J]. 中国基层医药，2022，29（4）：619-622.

[84] 罗业飞，杜瑶瑶，徐慧芳，等. 应用德尔菲法构建青年学生 HIV 感染风险评估指标体系 [J]. 中华流行病学杂志，2021，42（11）：1918-1922.

[85] 骆亮. 幼儿教师心理资本结构的构建：基于德尔菲法的研究 [J]. 新智慧，2021（16）：55-56，76.

[86] 马国霞，周颖，吴春生，等. 成渝地区《大气污染防治行动计划》实施的成本效益评估 [J]. 中国环境管理，2019，11（6）：38-43.

[87] 马焕英. 广州社会工作服务评估困境与对策：以 L 社工机构为例 [J]. 东莞理工学院学报，2014（4）：51-55.

[88] 毛雅倩，李九全. 基于家庭生命周期理论的老年人日常生活圈情境研究：以西安市为例 [J]. 地域研究与开发，2020，39（2）：169-175.

[89] 孟珈磊，杜海玲. 借鉴国外养老模式发展辽宁省养老产业：以美国、日本养老模式为例 [J]. 商业经济，2018（2）：39-41，79.

[90] 孟令琪，罗娟. 基于生命周期理论的养老保险储蓄效应研究 [J]. 经济研究导刊，2021（31）：68-70.

[91] 穆光宗. 家庭养老面临的挑战以及社会对策 [J]. 中州学刊，1999（1）：64-67.

[92] 彭文敏. 政府购买公共服务评估指标体系研究：基于全过程评估的视角 [J]. 技术经济与管理研究，2021（7）：86-91.

[93] 彭文敏. 政府购买公共服务评估指标体系研究：基于全过程评估的视角 [J]. 技术经济与管理研究，2021（7）：86-91.

[94] 齐国舟，厉华. 德尔菲法在工程造价各阶段的应用研究 [J]. 建筑经济，2021，42（S1）：92-95.

[95] 祁峰. 和谐社会视域下中国城市居家养老研究 [D]. 大连：大连

海事大学，2010.

［96］秦芳菊．居家养老服务的模式选择与优化：以公共产品理论为视角［J］．税务与经济，2019（4）：56-61.

［97］青连斌．如何才能让农村老年人真正老有所养［J］．人民论坛，2019（13）：69-71.

［98］曲绍旭，郑英龙．服务资源整合视角下城市居家养老服务供需平衡路径的优化［J］．河海大学学报（哲学社会科学版），2020，22（1）：74-81，107-108.

［99］曲绍旭．城市居家养老服务政社关系类型的转换效应及对策研究［J］．华中科技大学学报（社会科学版），2020，34（5）：114-123.

［100］全球治理委员会．我们的全球伙伴关系［M］．香港：牛津大学出版社（香港），1995.

［101］山娜，张帆，王涛．基于生命历程视角和需求层次理论的老年人养老设计需求研究［J］．艺术与设计（理论），2020，2（12）：36-38.

［102］沈绮云，欧阳河，欧阳育良．产教融合目标达成度评价指标体系构建：基于德尔菲法和层次分析法的研究［J］．高教探索，2021（12）：104-109.

［103］盛明科，刘贵忠．政府服务的公众满意度测评模型与方法研究［J］．湖南社会科学，2006（6）：36-40.

［104］司马蕾．老幼复合型社区养老机构的构想与实践：日本的经验与启示［J］．城市建筑，2015（1）：18-20.

［105］宋悦，吕康银，王丽娜．新常态下我国养老模式的创新［J］．税务与经济，2019（2）：21-28.

［106］苏明，贾西津，孙洁，等．中国政府购买公共服务研究［J］．财政研究，2010（1）：9-17.

［107］孙欣然，万和平，韩裕乐，等．基于德尔菲法和层次分析法的功能社区家庭医生签约服务项目体系及权重研究［J］．中国全科医学，2022（8）：1-7.

［108］孙泽宇，关于我国城市社区居家养老服务问题与对策的思考［J］．中国劳动关系学院学报，2007（2）：98-104.

［109］孙中瑞，崔丽佳．基于 APC 理论的农村体育设施建设项目评估［J］．经济研究导刊，2010（17）：35-36.

［110］唐健，彭钢．农村社会化养老善治的路径重构：基于利益相关者理论的分析［J］．农村经济，2019（8）：136-142.

[111] 田军，张朋柱，王刊良，等. 基于德尔菲法的专家意见集成模型研究 [J]. 系统工程理论与实践，2004 (1)：57-62，69.

[112] 仝利民. 社区照顾：西方国家老年福利服务的选择 [J]. 华东理工大学学报 (社会科学版)，2004 (4)：20-24.

[113] 汪芳芳. 基于顾客满意度理论视角的硕士研究生学习满意度调查分析：以 AC 大学为例 [J]. 今日财富 (中国知识产权)，2020 (3)：58-59.

[114] 汪全胜. 加拿大立法的成本效益分析制度探讨 [J]. 法治研究，2014 (8)：27-37.

[115] 汪泳，陈立行. 基于供给侧视角的长春市社区居家养老服务研究 [J]. 知识经济，2017 (10)：35-37.

[116] 王彩星，马淑丽，赵利杰. 借鉴国外模式发展中国社区养老 [J]. 中国老年学杂志，2018，38 (12)：3064-3066.

[117] 王春婷，李帆，林志刚. 政府购买公共服务绩效结构模型建构与实证检测：基于深圳市与南京市的问卷调查与分析 [J]. 江苏师范大学学报 (哲学社会科学版)，2013，39 (1)：109-115.

[118] 王佃利，宋学增. 公共服务满意度调查实证研究：以济南市市政公用行业的调查为例 [J]. 中国行政管理，2009 (6)：75-79.

[119] 王轲，吴湘玲. 政府向社会组织购买公共服务满意度研究：以武汉市为例 [J]. 华东经济管理，2016，30 (2)：170-176.

[120] 王莉莉. 健康战略背景下我国医养结合政策新进展 [J]. 兰州学刊，2021 (12)：118-130.

[121] 王灵芝，周戈耀，雷雪，等. 贵州省中药民族药企业可持续发展能力评价指标体系研究 [J]. 中国药房，2020，31 (6)：646-650.

[122] 王玫君. 浅析产品成本项目 [J]. 财经界，2012 (22)：48，283.

[123] 王谦，李锦红. 政府部门公众满意度评价的一种有效实现途径 [J]. 中国行政管理，2006 (1)：33-35.

[124] 王勤. 论社会嵌入理论视角下城市社区居家养老 [J]. 普洱学院学报，2019，35 (2)：24-25.

[125] 王诗露，张洪新，郭雯，等. 供需视角下城市社区居家养老服务发展研究：以江宁区为例 [J]. 中共南京市委党校学报，2017 (5)：106-112.

[126] 王小会. 高校文献信息资源建设评价范式研究：以海南省高校图书馆专项评估方案为例 [J]. 高校图书馆工作，2021，41 (5)：38-42.

[127] 王雄元. 成本会计 [M]. 上海：上海财经大学出版社，2007.

［128］王雪，赵成玉，白灵丽，等．中国社区居家养老现状［J］．中国老年学杂志，2019，39（4）：1012－1015．

［129］王媛媛．国外社区养老服务的发展模式及对我国的启示［J］．改革与开放，2012（16）：83．

［130］王振波．“互联网＋”驱动下的城市社区居家养老服务优化研究［J］．新疆大学学报（哲学·人文社会科学版），2017（6）：38－45．

［131］危椠罡，黄惠榕，陈水凤，等．基于德尔菲法构建中医院实习护生临床教学质量双向评价体系［J］．中国现代医生，2022，60（6）：157－162．

［132］魏东海，古彦珏，曹晓雯，等．基于德尔菲法构建第三方平台互联网医院成本效益评价指标体系［J］．中国医院，2022，26（1）：9－12．

［133］魏亚运，武思宏，任孝平，等．创新资源共享平台应用效果绩效评价研究：以科学仪器制造行业为例［J］．科技管理研究，2021，41（3）：40－45．

［134］温海红，王怡欢．基于个体差异的“互联网＋”居家社区养老服务需求分析［J］．社会保障研究，2019（2）：40－48．

［135］吴建南，张萌，黄加伟．基于ACSI的公众满意度测评模型与指标体系研究［J］．广州大学学报（社会科学版），2007（1）：13－17．

［136］吴晶晶，赵三星，王梓霏．新公共管理理论对政府绩效审计的影响［J］．中国储运，2022（1）：176－177．

［137］吴岚艳，李洁．基于德尔菲法的高校精品在线开放课程评估体系构建研究［J］．哈尔滨学院学报，2022，43（2）：142－144．

［138］吴蕾，沈勤．国外老幼结合养老模式及其对中国的启示［J］．调研世界，2021（3）：75－80．

［139］吴玉霞．政府购买居家养老服务的政策研究：以宁波市海曙区为例［J］．中共浙江省委党校学报，2007（2）：51－57．

［140］习开冉，郝志梅．国外医养结合养老模式对我国的启示［J］．管理观察，2018（31）：94－95．

［141］席涛．立法评估：评估什么和如何评估（上）：以中国立法评估为例［J］．政法论坛，2012（5）：59－75．

［142］向平萍，尹广文．“医养结合”难在哪，如何走得更好［J］．人民论坛，2017（9）：70－71．

［143］向永泉．试论居家养老服务的供给主体与供给机制创新：以厦门市为例［J］．厦门特区党校学报，2014（1）：51－57．

［144］肖田野，吴晓青，罗广宁．绩效审计“3E”理论的研究［J］．商业

会计，2011（17）：51-53.

［145］谢玲．政府购买公共服务绩效评估研究述评［J］．山东行政学院学报，2013（6）：47-51.

［146］谢雪华．关于全球治理的几个问题［J］．湖湘论坛，2009（2）：120-124.

［147］熊亮，罗杰，陈岳堂．我国失独群体“社区+”精准扶助模式构建研究：基于国外社区养老服务实践的启示［J］．湘潭大学学报（哲学社会科学版），2021，45（4）：85-91.

［148］徐家良，赵挺．政府购买公共服务评估机制研究［J］．政治学研究，2013（5）：87-92.

［149］徐兰，李亮．互联网+智慧养老：基于O2O理念下的社区居家养老服务模式［J］．中国老年学杂志，2021，41（12）：7.

［150］徐恬恬．从“两腿蹒跚前行”到“一体两翼腾飞”：我国养老服务供给方式研究［J］．社会保障研究，2013（4）：39-44.

［151］徐先梅．我国政府购买居家养老服务问题研究［D］．北京：中央财经大学，2019.

［152］徐新爱．大数据时代下大学生学习评价指标体系构建研究［J］．教师博览，2022（6）：4-7.

［153］徐选国，黄颖．政社分开与团结：政府购买社会服务第三方评估的风险及其治理：基于S市的评估实践［J］．社会工作与管理，2017（2）：70-77.

［154］徐永祥，潘旦．国际视野下第三方参与慈善组织评估的机制研究［J］．江西社会科学，2014（8）：205-209.

［155］许群，赵崇乐．体旅产业融合发展下我国冰雪特色小镇建设评价体系构建研究［C/OL］//第十二届全国体育科学大会论文摘要汇编：专题报告（体育产业分会）．2022（1）：241-243. https://cpfd.cnki.com.cn/Article/CPFD-TOTAL-ZGTK202203003118.htm.

［156］许泽宁，毕玥．借鉴国外模式　探讨我国社区居家养老建设［J］．内蒙古民族大学学报，2012，18（3）：73-74.

［157］杨栋，牟笛，陈秋兰，等．采用德尔菲法构建东盟国家登革热输入我国和引发本地传播风险评估指标体系研究［J］．疾病监测，2021，36（6）：566-572.

［158］杨丽娟，张宇晴，林平，等．基于德尔菲法的药学门诊管理标准要素研究［J］．中国医院，2022，26（2）：1-2，4.

［159］杨清红，高艳．供给侧结构性改革视角下居家养老服务需求、供给

与衔接［J］. 商业经济研究，2021（10）：173–177.

［160］杨庆芳. 居家养老服务需求研究：现状、问题和展望［J］. 兰州学刊，2020（6）：188–199.

［161］杨世玉，刘丽艳，李硕. 高校教师教学能力评价指标体系建构：基于德尔菲法的调查分析［J］. 高教探索，2021（12）：66–73.

［162］杨庭树. 我国医养结合现状与思考［J］. 中华保健医学杂志，2017，19（1）：1–4.

［163］姚昱君. 政府购买公共服务现状探讨：治理理论的视角［J］. 就业与保障，2021（6）：187–188.

［164］叶京，冷伏海. 韩国技术水平评估方法分析及启示［J］. 科技管理研究，2021，41（6）：55–62.

［165］于翠平. 基于德尔菲法的突发公共卫生危机多主体响应指标设计评价［J］. 中国医院，2022，26（4）：29–32.

［166］俞可平. 治理和善治：一种新的政治分析框架［J］. 南京社会科学，2001（9）：40–44.

［167］俞玲玲. 社会养老保险制度的发展策略：国外养老保险模式给我国的启示［J］. 甘肃农业，2006（7）：24.

［168］袁勤俭，宗乾进，沈洪洲. 德尔菲法在我国的发展及应用研究：南京大学知识图谱研究组系列论文［J］. 现代情报，2011，31（5）：3–7.

［169］袁维勤. 政府购买养老服务问题研究［D］. 重庆：西南政法大学，2012.

［170］曾起艳，何志鹏，曾寅初. 老年人居家养老服务需求意愿与行为悖离的原因分析［J］. 人口与经济，2022（2）：87–103.

［171］曾晓牧. 高校信息素质能力指标体系研究［D］. 北京：清华大学，2005.

［172］曾照云，程晓康. 德尔菲法应用研究中存在的问题分析：基于38种CSSCI（2014—2015）来源期刊［J］. 图书情报工作，2016，60（16）：116–120.

［173］詹姆斯·N. 罗西瑙. 没有政府的治理［M］. 张胜军，刘小林，等译. 南昌：江西人民出版社，2001.

［174］张波. 基于国外教育信息化经验的远程教育服务型老年教育的构建研究［J］. 中国成人教育，2017（3）：115–118.

［175］张春莉，王艳芝. 学生数学创新素质评价指标体系构建：基于德尔菲法的调查分析［J］. 教育科学研究，2021（7）：47–52.

[176] 张何，朱庆庆. 基于灰色模糊物元理论的中承式系杆拱桥施工风险评估 [J]. 公路，2021，66 (5)：229-233.

[177] 张花琼. 医养结合新型养老服务模式国内外研究现状 [J]. 海南医学，2021，32 (9)：4.

[178] 张晖. “居家养老服务” 中国本土化的经验审视 [J]. 西北大学学报（哲学社会科学版），2013 (5)：140-146.

[179] 张俊婕，吴强松，汪晨夕，等. 上海市徐汇区新型冠状病毒肺炎预警指标体系构建 [J]. 中国公共卫生，2020，36 (12)：1767-1770.

[180] 张蕾. 我国医养结合机制构建研究 [D]. 石家庄：河北师范大学，2020.

[181] 张锐昕，陈冠宇，于锦文. “互联网+养老” 主体合作：模型框架与思路进路 [J]. 吉林大学社会科学学报，2021 (6)：161-169.

[182] 张伟，陶文静. 老年社会工作在城市社区养老中的作用分析 [J]. 长春工程学院学报（社会科学版），2011，12 (3)：62-64，104.

[183] 张文静，董硕，胡引翠，等. 新型定性与定量融合分析的高速公路主题形象定位方法研究 [J]. 公路，2020，65 (8)：243-248.

[184] 张先庚，刘珊，刘林峰，等. 基于德尔菲法构建初级医养结合老年护理人才岗位胜任力评价指标体系 [J]. 解放军护理杂志，2022，39 (3)：24-27.

[185] 张旭. 县域政府购买居家养老服务：成效、问题及路径构建：基于 N 市 J 区的实证分析 [J]. 云南行政学院学报，2019，21 (2)：140-146.

[186] 张彦春，王孟钧. PPP 项目运作、评价、案例 [M]. 北京：中国建筑工业出版社，2016：224-230.

[187] 张志元，郑吉友. 我国农村失能老人居家养老服务多元供给思考 [J]. 河北经贸大学学报，2018，39 (5)：102-108.

[188] 章晓懿，梅强. 社区居家养老服务绩效评估指标体系研究 [J]. 统计与决策，2012 (24)：73-75.

[189] 赵浩华. 社区居家养老多元主体参与困境的发生逻辑及治理策略：基于福利多元主义分析框架 [J]. 辽宁行政学院学报，2021 (3)：48-53.

[190] 赵环，徐选国，杨君. 政府购买社会服务的第三方评估：社会动因、经验反思与路径选择 [J]. 福建论坛（人文社会科学版），2015，000 (10)：147-154.

[191] 赵立志，杨佳楠，王璐宁，等. 国外居家养老模式的经验与启示 [J].

劳动保障世界，2020（9）：30-32.

［192］赵宁，张健. 国外智慧养老发展模式的经验与启示［J］. 社会科学动态，2020（8）：67-71.

［193］赵宁，张健. 国外智慧养老发展模式的经验与启示［J］. 社会科学动态，2020（8）：67-71.

［194］赵如钦. 美、日两国老年教育对我国老年教育发展的启示［J］. 中国成人教育，2018（5）：124-127.

［195］赵赛赛，孙谨芳，亓晓，等. 国家卫生城市创建影响评价指标体系研究［J］. 现代预防医学，2022，49（6）：1082-1085.

［196］赵松山，白雪梅. 用德尔菲法确定权数的改进方法［J］. 统计研究，1994（4）：46-49.

［197］赵小艳. 老龄化背景下居家养老服务的多元供给主体研究［D］. 西安：西北大学，2008.

［198］郑方辉，王琲. 地方政府整体绩效评价中的公众满意度研究：以2007年广东21个地级以上市为例［J］. 广东社会科学，2008（1）：45-51.

［199］中华人民共和国国家卫生健康委员会老龄健康司. 关于深入推进医养结合发展的若干意见［EB/OL］. http://www.gov.cn/xinwen/2019-10/26/content_5445271.htm.

［200］周俊. 政府购买公共服务的风险及其防范［J］. 中国行政管理，2010（6）：20-23.

［201］朱国玮，黄珺，汪浩. 公共部门公众满意度测评研究［J］. 理论与改革，2004（6）：42-45.

［202］邹茂，吴成斌，陈小丹，等. 基于德尔菲法的重庆市健康促进医院评价指标体系构建研究［J］. 医学与社会，2022，35（2）：75-79，84.

二、外文文献

［1］B MEREDITH. The community care handbook：the new system explained［M］. London：Age Concern England，1993：125-126.

［2］BEARDEN W O，OLIVER R L. The Role of Public and Private Complaining in Satisfaction with Problem Resolution［J］. Journal of Consumer Affairs，1985，19（2）：222-240.

［3］CRONIN J J J，TAYLOR S A. SERVPERF versus SERVQUAL：reconciling performance-based and perception-minus-expectations measurement of service quality [J]. Journal of Marketing, 1992 (58): 15-131.

[4] EMILY L SCHIEFELBEIN. Patterns of health care utilization among vulnerable populations in Central Texas using data from a regional health information exchange [J]. Journal of Health Care for the Poor & Underserved, 2014 (2): 37-51.

[5] GNATZY T, WARTH J, GRACHT H V D, et al. Validating an innovative real-time Delphi approach - A methodological comparison between real-time and conventional Delphi studies [J]. Technological Forecasting & Social Change, 2011, 78 (9): 1681-1694.

[6] GORDON T, PEASE A. RT Delphi: An efficient, "round-less" almost real time Delphi method [J]. Technological Forecasting and Social Change, 2006, 73 (4): 321-333.

[7] GRILLO R. North African women and the French social services [M] // Ideologies and Institutions in Urban France: The Representation of Immigrants. Cambridge: Cambridge University Press, 1985: 141-162.

[8] HAHN R W, SCHMALENSEE R L, NOLL R, et al. Benefit-Cost Analysis in Environmental, Health, and Safety Regulation: A Statement of Principles [J]. Books, 1996 (4): 221-222.

[9] ISHIKAWA A, AMAGASA M, SHIGA T, et al. The max-min Delphi method and fuzzy Delphi method via fuzzy integration [J]. Fuzzy Sets and Systems, 1993, 55 (3): 241-253.

[10] JIM, MCLOUGHLIN, JAIME. A strategic approach to social impact measurement of social enterprises [J]. Social Enterprise Journal, 2009 (4): 65-72.

[11] JOACHIM COHEN, JOHAN BILSEN, PETER HOOFT, et al. Dying at home or in an institution [J]. Health policy, 2006, 78 (2): 319-329.

[12] JOHN BALDOCK, ADALBERT EVERST. Innovations and Care of the Elderly: The Cutting-edge of Change for Social Welfare Systems. Examples from Sweden, the Netherlands and the United Kingdom [J]. 1992, 12 (3): 289-312.

[13] LEISTER PARROTT. Social Work and Social Care [M]. London: Routledge, 2003: 90-92.

[14] LINSTONE H A, TUROFF M. Delphi method: techniques and applications [M]. Boston : Addison-Wesley Publishing, 1975: 282-287.

[15] MARSHALL, GRAHAM R. Economics for Collaborative Environmental

Management: Renegotiating the Commons [M]. London, UK: Earthscan, 2005.

[16] MORNEY, ROBERT M. Caring and competent caregivers [M]. Georgia: The University of Georgia Press, 1998.

[17] NAKANE J, FAREVAAG M. Elder care in Japan [J]. Perspectives, 2004, Spring, 28 (1): 17-24.

[18] WHITE C, TUROFF M, VAN DE WALLE B. A dynamic delphi process utilizing a modified Thurstone scaling method: Collaborative judgement in emergency response [J]. Proceedings of ISCRAM, 2007 (4): 13-16.

附录

附录1　政府购买居家养老服务的评估指标研究课题访谈提纲（专家篇）

尊敬的专家：

您好！感谢您参加此次访谈活动。此次访谈将为我们课题组正在进行的一个国家课题的研究提供依据，作为专家的您的回答，将对我们的指标研究具有非常重要的作用。

本次访谈工作采用匿名方式进行，您在本次访谈中提供的所有信息，仅在本次课题的科学研究中使用，课题组将严格按照我国社会调查的有关规定，对您的所有信息进行保密。感谢您对此次课题调研的大力支持和帮助！

“政府购买居家养老服务成本效益评估指标研究”研究课题小组

1. 您认为当前我国政府购买居家养老服务的现状如何？主要存在什么问题？

2. 您认为影响当前我国政府购买居家养老服务项目实施的因素有哪些？

3. 您知道的当前政府购买居家养老服务项目的主要服务内容有哪些？

4. 您认为当前政府购买居家养老服务的流程有哪些？最关键的流程环节有哪些？

5. 您认为当前政府购买居家养老服务项目的立项环节主要有哪些？存在什么问题？在立项环节的考虑因素有哪些？在立项环节的成本要素有哪些？

6. 您认为当前政府购买居家养老服务项目的执行环节主要有哪些？存在什么问题？在执行环节应该考虑哪些因素？在执行环节的成本要素有哪些？

7. 您认为当前政府购买居家养老服务项目的结项环节主要包括哪些内容？存在哪些问题？在结项环节的效益主要体现在哪些方面？当前政府购买居家养老服务能够体现哪些效益？哪些效益还没有体现？为什么？

8. 您对当前我国政府购买居家养老服务的建议有哪些？

附录 2　政府购买居家养老服务的评估指标研究课题调查问卷

尊敬的专家：

您好！感谢您参加此次调研活动。此次调研将为我们课题组正在进行的一个国家课题的研究提供依据，作为专家的您的回答，将对我们的指标研究具有非常重要的作用。

本次调研工作采用匿名专家打分方式进行，您在本次调查问卷中提供的所有信息，仅在本次课题的科学研究中使用，课题组将严格按照我国社会调查的有关规定，对您的所有信息进行保密。感谢您对此次课题调研的大力支持和帮助！

"政府购买居家养老服务成本效益评估指标研究"研究课题小组

1. 您的性别：

A. 男　B. 女

2. 您的年龄段：

A. 35 岁及以下　B. 36~45 岁　C. 46~55 岁 D. 56~65 岁　E. 66~75 岁 F. 75 岁以上

3. 您的最高学历：

A. 大专及以下　B. 本科　C. 硕士　D. 博士

4. 您的职称或者职级：

A. 讲师　B. 副教授或副研究员　C. 教授或研究员　D. 科级

E. 处级　F. 厅（局）级或司级　G. 部级或以上

H. 其他（请注明）______________________________

5. 您目前供职的单位：

A. 政府机关　B. 事业单位　C. 企业

D. 社会组织（慈善基金会、社会团体、社会服务机构）

E. 高校或研究所　F. 其他单位（请注明）________________________

6. 您认为下面这些因素在评价政府购买居家养老服务过程中的重要程度如何？请按照 0~9 的重要程度，依次选择。（单选题）

（1）政府购买居家养老服务项目的发包成本（包括但不限于发包该项目

的调研费、评估费、招标文件费、其他发包相关费用)

(2) 政府购买居家养老服务项目的标的金额

(3) 政府购买居家养老服务项目的执行质量

(4) 政府购买居家养老服务项目的执行进度

(5) 政府购买居家养老服务项目的执行成本

(6) 政府购买居家养老服务项目的服务老人数量

(7) 政府购买居家养老服务项目的社会影响力

(8) 政府购买居家养老服务项目中参与居家养老服务的护理人员数量

(9) 政府购买居家养老服务项目的媒体报道频次及级别

(10) 承接政府购买居家养老服务项目的机构在本项目执行中受表彰或者受表扬的次数和级别

(11) 社区(或者居民小区)居民知晓居家养老服务项目的程度

(12) 政府购买居家养老服务项目的社会评价

(13) 接受居家养老服务的老人的评价

(14) 政府作为居家养老服务的购买方的评价

(15) 社会组织或其他组织作为承接机构的自我评价

(16) 从事居家养老服务人员的自我评价

(17) 社区其他居民的评价

7. 除了上述指标,您认为对于政府购买居家养老服务项目的评价,还有哪些指标应该考虑?若有,请注明,谢谢。____________________

____

附录3 政府购买居家养老服务的评估指标研究课题访谈提纲（机构篇）

尊敬的专家：

您好！感谢您参加此次访谈活动。此次访谈将为我们课题组正在进行的一个国家课题的研究提供依据，作为专家的您的回答，将对我们的指标研究具有非常重要的作用。

本次访谈工作采用匿名方式进行，您在本次访谈中提供的所有信息，仅在本次课题的科学研究中使用，课题组将严格按照我国社会调查的有关规定，对您的所有信息进行保密。感谢您对此次课题调研的大力支持和帮助！

"政府购买居家养老服务成本效益评估指标研究"研究课题小组

1. 请对您单位整体情况进行简单介绍。

2. 请对您单位 2019 年度承接的政府购买居家养老服务的情况进行简单介绍。

3. 在承接政府购买居家养老服务项目的过程中，是否遇到困难？都有哪些困难？

4. 在执行居家养老服务项目的过程中，是否遇到困难？都有哪些困难？

5. 在结项居家养老服务项目的过程中，是否遇到困难？都有哪些困难？

6. 在整个政府购买居家养老服务这类项目中，你们觉得最困难的地方在哪里？是资金不足？是规模不够？还是其他问题？

7. 你们一般如何评价居家养老服务项目？从几个维度进行？或者你们认为做得好的居家养老服务项目应该是什么样子的？

8. 你们认为政府购买居家养老服务项目带来了什么样的好处？经济上的？社会意义上的？

9. 你们认为政府未来应该怎么发展或者扩大政府购买居家养老服务项目？

附录4　政府购买居家养老服务的成本效益评估指标（百分制得分指标模板）

项目名称：________ 评估专家：______________ 总评得分：__________________

一级指标	二级指标	三级指标	标准分值	指标说明
项目成本	项目投入成本	项目发包成本	6	初期发包调研费、评估费、招标文件费、其他发包相关费用是否合理，且相关资料是否完善
		项目标的金额	7	标的金额、预算编制成本、其他与标的金额确定有关的成本是否合理，且相关资料是否完善
	项目执行成本	项目执行质量	8	为了保证项目执行质量所花费的成本，包括考察过程监督费、督导费，执行过程所需物资市场询价费、咨询费、检测费等；是否查阅相关资料，相关价格是否合理，资料是否完善
		项目执行进度	8	为保证项目进度所花费的成本，比如进度执行表填制费、制作费、内部定期进度评估会等花费项目是否合理，且价格是否公允，资料是否完善
		项目运行成本	8	项目材料成本、项目人工成本、项目调整预算成本、项目交通成本、其他与项目执行内容相关的成本是否合理，且资料是否完善
项目成效	项目产出成果	项目服务数量	6	服务居家养老人员的数量，是否按照此次项目委托的数量提供居家养老服务，服务数量是否达到委托数量，且相关证明资料是否完善
	项目产出绩效	项目社会影响	23	（1）参与居家养老服务的护理人员数量（解决就业数量），根据以往数据分析，服务对象的数量与提供服务护理人员的数量，是否合理，且资料是否完善 （2）媒体报道次数及报道级别 （3）承接机构由于承接居家养老服务项目而受表彰或者受表扬的次数及级别 （4）小区知晓居家养老人员的程度（随机抽样调查）
		项目社会评价	34	（1）服务对象的评价情况（接受居家养老服务老人的评价），检查满意度及相关问卷资料的内容 （2）购买机构的评价情况（政府作为居家养老服务的购买方的评价） （3）承接机构自我评价情况（社会组织或其他组织作为承接方的自我评价） （4）承接人员自我评价情况（从事居家养老服务人员的自我评价） （5）社区其他居民的评价情况（随机抽样调查）

附录5　YBK养老服务中心的服务内容

一、特色全托护理照料

（1）失能照护、失智照护、全护理照护；

（2）特色：各站点配备专业营养师、健康管理师、护理员，提供专业系统化的护理；

（3）我们不同于医院护理的是：我们尽力做到“零约束”“零卧床”“零尿布”；

（4）对老人的营养、“二便”、饮水、运动进行专业管理；

（5）提供专人药品管理，制定个性化的护理方案；

（6）对卧床老人进行管道护理、压疮护理等服务；

（7）对失智老人提供记忆训练、智力训练等服务。

二、日常生活照料

（1）生活照护：日常起居饮食，协助盥洗、餐饮、洗衣、书信、亲友联系等。

（2）护工照护：协助简易复健及有关血压、心跳、体温等日常护理测量记录工作，并提供定期健康检查与卫生保健服务。

（3）护工照护项目：协助老人上下床、沐浴盥洗、喂食、定时翻身拍背、仪容整理、衣物清洗、床单清洁、户外散步、康复锻炼、娱乐活动等。

（4）护理服务：定时量血压、血糖、脉搏、体温、体重、血氧浓度等。

三、日间照料服务

（1）卫生保健服务：测量身高、体重，测量血压，测量血糖，保健浴足，辅助洗澡，自理洗澡，按摩椅按摩，中医理疗，陪同就诊；

（2）精神慰藉服务：心理疏导、陪护患者活动、节日关怀、生日关怀、精神健康维护；

（3）生活照料服务：就餐、送餐、理发、洗发、修面、修剪指甲、辅助更衣；

（4）文化娱乐服务：书报阅读、棋牌娱乐、电影欣赏、诗词朗诵、手工制作、体育健身、抖音表演。